Ostseeküste Schleswig-Holstein

Nicoletta Adams

DUMONT direkt

Inhalt

Willkommen

Die Ostseeküste im Internet	5
Willkommen	6
Geschichte	12
Gut zu wissen	14
Feste & Unterhaltung	18
Unterwegs mit Kindern	21
Übernachten	22
Essen & Trinken	24
Aktivurlaub	28
Reise-Infos → ***Notfall***	32

Zu Gast an der Ostsee

Orte von A bis Z

Dahme	38
Damp	39
Eckernförde	40
Fehmarn	45
Flensburg	49
Grömitz	56
Heiligenhafen	57
Hohwacht	60
Kappeln	61
Kellenhusen	64
Kiel	66
Laboe	73
Lübeck	74
Lütjenburg	82
Neustadt in Holstein	85
Niendorf	87
Scharbeutz & Haffkrug	88
Schleswig	90

Am Timmendorfer Strand

Schönberg 94
Sierksdorf 97
Strande 99
Timmendorfer Strand 100
Travemünde 102

Extra-Touren

Tour 1: Leuchtturm-Geschichte(n) entlang der Küste 108
Tour 2: Mit dem Kanu auf der Schlei 110
Tour 3: Altes Handwerk neu belebt 112
Tour 4: Mit dem Fahrrad zu alten Landgütern 114
Tour 5: Eine Fahrt zu fünf ›himmlischen Tauf-Paten‹ 116

12 Highlights

Die Ostseeinsel Fehmarn 45
Schloss Glücksburg 54
Heiligenhafen 57
Kloster Cismar 65
Kieler Woche 70
Freilichtmuseum Molfsee 72
Lübeck 74
Bad Segeberg 81
Gut Panker 84
Schleswig 90
Das Wikinger-Museum Haithabu 91
Travemünde 102

Karten

Eckernförde	42
Flensburg	50
Kiel	67
Lübeck	75
Schleswig	91
Travemünde	103

Register 118

Impressum/Fotonachweis 119

20 Reisetipps Ostseeküste

Quallenalarm?	16
Mühlentag	19
Bett & Bike	23
Bauernhofcafés	25
Die schönsten Strände	29
Wellness an der Ostseeküste	31
Löscheimer & Co: Feuerwehrmuseum bei Eckernförde	44
Fehmarn: Hofcafé und Kunst	48
Die Halbinsel Holnis	54
Gourmet-Wettstreit an der Ostsee	56
Gut Weißenhaus	61
Ein Leuchtturm für die ›Westentasche‹	72
Ein Blick unter die Wasseroberfläche	74
Süß und Herb – Kulinarisches aus Lübeck	79
Magenmorsellen – ein Gewürzkonfekt	80
Das Schleswig-Holstein Musik Festival	82
Der Fischlehrpad in Haffkrug	89
Wikingertage in Schleswig	92
Schönberg: Mit der Museumsbahn unterwegs	95
Malkurs in Travemünde	105

Die Ostseeküste im Internet

Allgemeine Informationen

www.sh-tourismus.de Zentrale Informationen über Schleswig-Holstein, Anfangsseite etwas unübersichtlich, beim Weiterklicken wird es besser.

www.ostsee-schleswig-holstein.de Die Seite des Ostseebäderverbandes mit Links zu Freizeitangeboten, Veranstaltungen, Ausflugstipps sowie Prospektbestellungen.

Unterkunft

www.bauernhof-erlebnis.de
www.heuherbergen.de
www.bettundbike.de
Jede Menge Informationen und Adressen zum Übernachten auf dem Bauernhof, in Heuherbergen und Unterkünften speziell für Radfahrer.

Essen

www.dehoga-sh.de Kulinarischer Kalender von Schleswig-Holstein, Termine und Orte.

www.gourmetfestival.de Grafisch schön präsentieren sich die im Herbst und Winter stattfindenden kulinarischen Festwochen, Links zu teilnehmenden Restaurants.

Sportliche Aktivitäten

www.segel.de Alles Wissenswerte über Verleih und Schulen, Links zu den Segelrevieren der westlichen Ostsee.

www.ostseewracktauchen.de Infos über Tauchreviere der Ostsee.

www.wanderverband-norddeutschland.de Aktionen des Verbandes im Jahresverlauf.

Gesundheit

www.bzga-reisegesundheit.de Die Bundeszentrale für gesundheitliche Aufklärung gibt Tipps für die Reiseapotheke, zu Tierbissen, Baderegeln, Urlaubsplanung etc.

www.heilbaederverband-sh.de Informationen über Heil- und Kurbäder.

Verkehr

www.regio-nord.de Regionalverbindungen mit Bahn und Bus: Angebote, Fahrradzüge, mit der Bahn Schleswig-Holstein entdecken u. v. m.

www.nah-sh.de Fahrpläne und Tarife des öffentlichen Nahverkehrs.

Kultur

www.shmf.de Programmübersicht und Standorte des Schleswig-Holstein Musik Festivals.

www.kulturnetz-sh.de Veranstaltungskalender des Festivalsommers, Links zu den Einzelveranstaltungen.

Natur

www.nabu-sh.de Der Naturschutzbund informiert mit Links zu allen Naturschutzgebieten, alphabetisch geordnet.

Einige Gebiete haben eigene Webseiten, etwa das Naturerlebniszentrum Maasholm-Oehe-Schleimünde **(www.naturerlebniszentrum.de).**

Badewasserqualität

www.schleswig-holstein.de/landsh/mags/badewasser Aktuelles über Badewasserdaten und Badestellen im Portal der Landesregierung.

www.algenreport.de Hier kann eine Algenfrüherkennung abgerufen werden.

Wetter

www.wetteronline.de/Schleswig-Holstein Regionales Wetter.

www.dwd.de Seewetterbericht.

Moin,

Die Vielfalt der Ostseeküste spiegelt sich in den fünf »W«: Wasser und Wellen verheißen Segeln, Tauchen, Schwimmen, Faulenzen und Muscheln suchen. Wind lässt Drachenflieger- und Surferherzen höher schlagen, bedeutet sich beim Spaziergang gegen die Natur zu behaupten, gute Luft zum Durchatmen und gesundheitsförderndes mildes Reizklima. Weite ermöglicht ausgedehnte Radtouren ohne

Moin

größere ›Aufstiegsprobleme‹, Wanderungen, Ausritte über Land, streckenweise erholsame Einsamkeit und immer wieder neue Aus- und Ansichten. Wetter bringt mal blauen Himmel, bizarre Wolkengebilde, laues Lüftchen, mal Stürme, regenverhangene Städte, nasskalte Tage. Man muss das Land erleben in allen Facetten, dann wird man es mögen und immer wiederkommen.

Rapsblüte bei Behrensdorf

Willkommen

Eine Urlaubsregion für jeden Geschmack

Urlaub in Schleswig-Holsteins Osten bedeutet Abwechslung in einem touristisch und verkehrstechnisch hervorragend erschlossenen Landstrich. Es ist keine Region ausschließlich für Familienferien, dank unzähliger Sportmöglichkeiten sowie zeitgemäßer Kur- und Wellnessangebote spricht sie eine breite Klientel an. Hauptanziehungspunkt ist und bleibt die Ostsee mit ihren idyllischen Buchten, den Steilküsten und kilometerlangen, flachen Stränden.

Nicht nur die Traditionsbäder, die schon Thomas Mann besuchte, haben sich fein gemacht. Viele der Promenaden und Seebrücken sind neu gepflastert, mit Kunstobjekten verschönert und Sitzgelegenheiten bereichert worden. Neue Restaurants, Cafés und kleine Geschäfte warten mit Spezialitäten auf die Gäste, man kann beim Bummel wieder sehen und gesehen werden.

Freizeitwert besitzt jedoch nicht nur die Küste und das Meer, das vor allem Wasserratten und Sportler anzieht. Das Landesinnere lädt Naturfreunde zum Radeln, Wandern und Reiten ein, Geschichtsfans in die zahlreichen Kirchen, Schlösser und zu den Hünengräbern sowie Musikliebhaber in Konzertsäle, ehemalige Scheunen oder auf die grüne Wiese.

Mit seinen zahlreichen Seen, Hügeln und Tälern sowie ausgedehnten Wäldern und weiten Stränden gilt der Osten als lieblichster und abwechslungsreichster Teil Schleswig-Holsteins. So macht nicht nur die gute Luft den hohen Erholungswert aus, sondern ebenso die vielfältigen Fitnessmöglichkeiten, die diese Landschaft bietet.

Dem Sport in der Natur sind keine Grenzen gesetzt, sowohl auf und am Wasser als auch im Binnenland, etwa mit Golf und Reiten, den Trimm-Dich-Pfaden, Rad- und Wanderwegen, den Kneipp-Bädern und Kur- wie Wellness-Hotels, in denen man mal nicht selbst aktiv sein muss. Gesundheit verspricht auch die zunehmend anspruchsvolle Gastronomie, die immer mehr auf leichtes, bekömmliches Essen setzt wie frischen Fisch, Salate und Gemüse der Saison.

Sanfte Wellen – zu Wasser und zu Lande

Geringer Tidenhub und ein weniger ausgeprägter Wellengang machen die Ostsee weitaus ruhiger als die Nordsee. Ihre Ufer sind nicht einfach der ›gerade‹ Abschluss der 328 km langen Küste, sondern ›schlängeln‹ sich die geschützten Buchten entlang, die hier im Norden Förden heißen. Gewaltige Inlandeisgletscher aus Skandinavien haben sie v-för-

Windmühle im Geltinger Birk

mig ausgehobelt, nachdem sie über Tausende von Jahren riesige Gesteinsmassen nach Norddeutschland schafften und so das Land erst entstehen ließen. Einzelne große Gesteinsbrocken (Findlinge) bilden noch heute beeindruckende Landmarken. Sie flankieren den Eingang von Steinzeitgräbern, dienen als Gedenksteine oder verharren in ihrer Unbeweglichkeit an dem Platz, an dem das Eis sie einst abgelegt hat. Bis man sich ihre Herkunft erklären konnte, brachte man Riesen, Hexen und sogar den Teufel mit ihnen in Verbindung.

Die Eiszeit gestaltete eine sanft wellige Hügellandschaft, die heute in weiten Teilen von Agrarflächen geprägt ist. Jede Jahreszeit zeigt ihre eigenen charakteristischen Farben: Leuchtend-gelb blüht der Raps im Frühjahr, in wogendem Hellgrün stehen Weizen und Gerste im Frühsommer und goldbraun präsentiert sich das Getreide im August.

Die Landschaft – ein offenes Geschichtsbuch

Die Regionen an der Ostseeküste spiegeln in ihrer Unterschiedlichkeit den Jahrhunderte langen menschlichen Einfluss wider: Angeln, das alte Bauernland im Norden, ist durch lang gestreckte Hecken (so genannte Knicks) unterteilt und von verstreuten Dörfern mit Feldsteinkirchen und Mühlen geprägt. Hier dominiert der Fachwerk- und Feldsteinbau sowie das Reetdach mit dem ungewöhnlichen Firstabschluss (Angelner Hängehölzer). Der typisch norddeutsche rote Backstein herrscht erst weiter im Süden vor. Überall ist die friedvolle Nähe zum Nachbarn Dänemark sowie zu den in der Region lebenden Dänen zu spüren.

Die fjordähnliche Schlei mit den schmucken Dörfern an beiden Ufern bildet eine kleine, romantische Welt für sich. Sie lässt sich am besten vom Wasser aus erkunden. Das Südostufer der Schlei gehört schon zur Landschaft Schwansen, der Heimat der großen Güter und prächtigen Herrenhäuser. Architektonisch reizvolle Torhäuser und oftmals parkähnliche Anlagen zeugen von der Autonomie der adeligen Bewohner, die auch nach dem Rückgang ihres politischen Einflusses noch lange die Kunst- und Musikszene des Landes beherrschten.

Ostholstein, früher Wagrien genannt, ist das ehemalige Siedlungsgebiet der wendischen Fürsten. Deren Zeugnisse sind überall im Land zu finden, allen voran die Wallanlage in Oldenburg, das einstige Zentrum der Slawen (Wagrier). Die gesamte Ostküste ist hervorragend erschlossen. Bis zur Lübecker Bucht reihen sich Badeorte mit kinderfreundlichen Stränden aneinander, mal chic

Das Holstentor in Lübeck, das Wahrzeichen der alten Hansestadt

und mondän, mal familiär und kuschelig wie große Sandkisten.

An den ›Endpunkten‹ der Buchten und Förden liegen die großen Städte Flensburg, Schleswig, Eckernförde, Kiel, Lübeck und Travemünde. Sie laden zu einem Bummel durch die Vergangenheit und Gegenwart und geben mit ihren Museen und Festen interessante Einblicke in das vergangene und gegenwärtige Leben der ›Nordlichter‹.

Ein Paradies für Vögel

Für die vielfältige Vogelwelt ist die wasserreiche Landschaft geradezu paradiesisch. Offene Seen- und Ostseeflächen, Schilfgürtel sowie Hecken und Feldränder bieten reichlich Lebensraum zum Nisten oder dienen zumindest als Rastplatz auf dem Weg zwischen Brut- und Überwinterungsgebiet. Man kann u. a. Weißstorch, Rohrschwirl, Teich- und Drosselrohrsänger, Braunkehlchen und Rohrweihe sehen, durch ein landesweites Schutzprojekt ist auch der majestätische Seeadler mit über 40 Brutpaaren wieder im Aufwind.

Die typischen Vögel der Küste sind natürlich die Möwen. Mantel-, Herings-, Silber-, Sturm- und Lachmöwe, aber auch Brand-, Küsten-, Fluss- und Zwergseeschwalben – sie gehören ebenfalls zur Familie der Möwen – zeigen vor allem an sturmgepeitschten Tagen, wie treffend Christian Morgensterns Gedichtszeile ist: »Ach Mensch, du wirst nie nebenbei der Möwe Flug erreichen.«

Nur 12 cm groß und eine echte Schwalbe ist die Uferschwalbe. Sie brütet in selbst gegrabenen Wohnröhren hoch über dem Strand in den sandigen Schichten der Steilküste. Auch aus diesem Grund steht die gesamte Steilküste unter Naturschutz und darf nicht betreten bzw. erstiegen werden. Im Gegensatz dazu gehört es zum Konzept des sanften Tourismus, die Naturparks und große Teile der Naturschutzgebiete dem Besucher als Erholungs- und Beobachtungsgebiet zu öffnen.

›Naturlaub‹

Urlaub in und mit der Natur wird an Schleswig-Holsteins Ostseeküste groß geschrieben. Dazu gehören das Wohnen auf Bauernhöfen und in Heuherbergen, naturbelassene Strandabschnitte sowie Wandern und Radfahren in liebevoll gehegten Naturparks. Besonders interessant ist die Geltinger Birk, in der die Koniks, eine alte Hauspferderasse, ausgewildert wurden. Diverse Streichelzoos zeigen ebenso seltene wie landestypische Arten wie etwa das Angelner Sattelschwein. Das Anfassen oder gar Streicheln verschiedener Meeresbewohner bieten die Meeresbiologische Station Laboe, das OstseeInfoZentrum in Eckernförde oder die großen Meereszentren auf Fehmarn und in Timmendorfer Strand.

Die Steilküste ist das sichtbarste Zeichen der Eiszeit. Sie erlaubt unmittelbare Einblicke in die Vielfalt der herantransportierten Gesteine. Am Fuß der Hänge lassen sich immer wieder uralte Fossilien finden, etwa versteinerte Seeigelgehäuse oder Haifischzähne. Vom Top aus gewähren die Kliffs wunderschöne Ausblicke auf die Förden und die gegenüberliegenden Ufer.

Breites Kulturangebot

Das Schleswig-Holstein Musik Festival hat mit Konzerten namhafter Künstler die klassische Musik auf dem Lande hoffähig gemacht. Es führte eine Tradition fort, war jedoch nicht die erste berühmte Musikveranstaltung im Ostseeküstenland. Dieses Prädikat gebührt den schon im 17. Jh. von Buxtehude, Tunder und Distler eingeführten abendlichen Orgelkonzerten in den Lübecker Kirchen St. Marien und St. Jakobi. Modernere Varianten sind das Jazz-Festival ›Jazz-Baltica‹ und das Internationale Bluesfest. Die Eutiner Festspiele und die Eutiner Webertage haben ebenfalls ihren festen Platz im Kulturprogramm.

Aufführungen in den traditionsreichen Herrenhäusern und Schlössern, in akustisch ausgezeichneten Scheunen, in Freilichttheatern, Museen und auf der grünen Wiese stellen zugleich eine Verbindung zwischen Kunst und Kultur her.

Die Ostseeküste Schleswig-Holstein in Zahlen

Lage und Größe: Schleswig-Holstein grenzt im Norden an Dänemark und wird seitlich von zwei Meeren eingeschlossen, der Nord- und der Ostsee. Zum östlichen Hügelland einschließlich der Küste gehören drei kreisfreie Städte – Flensburg, Kiel, Lübeck – und die Landkreise Ostholstein, Plön, Rendsburg-Eckernförde und Schleswig-Flensburg. Die Ostseeküste ist (ohne Schlei) 328 km, mit Fehmarn 402 km lang.

Naturraum: Von der Gesamtfläche in Schleswig-Holstein werden etwa 73% landwirtschaftlich genutzt, 9,3% wird von Wald bedeckt und 4,8% nehmen Wasserflächen ein, u. a. mehr als 80 Seen über 3 ha. Die wichtigsten Wasserwege sind die Eider mit 180 km und die Trave mit 112 km sowie der Nord-Ostsee-Kanal mit 99 km und der Elbe-Lübeck-Kanal mit 59 km Länge. Bungsberg (167 m), Strezerberg (139 m) und Pilsberg (128 m) erheben sich als höchste Landmarken aus der Umgebung.

Bevölkerung: Mit einer Fläche von 15 763 km^2 gehört Schleswig-Holstein zu den kleinsten Ländern der Bundesrepublik mit gut 2,8 Mio. Einwohnern (176 Ew./km^2). Größte Stadt ist die Landeshauptstadt Kiel (ca. 233 000 Ew.), gefolgt von Lübeck (200 000 Ew.) und Flensburg (85 000 Ew.).

Geschichte

Ende des 19. Jh. gebaut: Der 99 km lange Nord-Ostsee-Kanal

um 8000 v. Chr. Erste Besiedlungen im norddeutschen Raum.

ca. 450–600 n. Chr. Angeln und Sachsen aus dem heutigen Schleswig-Holstein nehmen Britannien in Besitz. Um 600 dringen Slawen (Wagrier) ins heutige Ostholstein vor, die Dänen bis in die Gegend um Schleswig.

798/811 Der Frankenkönig Karl der Große besiegt mit Hilfe der Slawen die Sachsen. Die Eider wird Grenzlinie zwischen dem fränkischen und dem dänischen Reich.

800–1066 Machtkämpfe zwischen Dänen, Deutschen und Slawen beherrschen das Land. Der Dänenkönig baut das Danewerk als Schutzwall gegen die Franken. Die Handelsstadt Haithabu wird um 900 von schwedischen Wikingern erobert, ab 934 unter deutschen Königen zum Ausgangspunkt der Christianisierung und 1066 von den Wenden zerstört.

1111–1227 Der Sachsenherzog Lothar belehnt Adolf I. von Schauenburg mit Holstein und Stormarn. Zusammen mit Adolf II. gelingt ihm die Rückeroberung Ostholsteins von den Wenden und deren Missionierung. In der Schlacht bei Bornhöved besiegt Adolf IV. 1227 den Dänenkönig Waldemar II. Damit ist der Weg für die Hanse und die deutschen Kaufleute frei.

1326 Der holsteinische Graf Gerhard III. wird Herzog von Schleswig. In der Constitutio Valdemariana wird fixiert, dass niemals ein dänischer König gleichzeitig über Dänemark und Schleswig herrschen darf.

1460 Christian I. von Dänemark wird Landesherr von Schleswig und Holstein. Der Vertrag von Ripen garantiert die Unteilbarkeit von Schleswig und Holstein.

15. /16. Jh.	Durch Landesteilungen regieren zwei Oldenburger das Land, König Johann steht der Königlichen (Segeberger) Linie vor und Herzog Friedrich I. der Gottorfer Linie.
1625/26–1658	Christian IV. von Dänemark tritt in den Dreißigjährigen Krieg ein, um Schweden am Aufstieg zu hindern. Nach seiner Niederlage muss Dänemark die Oberlehensherrschaft über den Gottorfer Anteil von Schleswig aufheben.
1700–21	Der Streit zwischen dem Dänischen und dem Gottorfer Herrscherhaus gipfelt im Nordischen Krieg, nach dem Schleswig erneut an die Dänen fällt.
1773	Durch Gebietstausch zwischen Russland und Dänemark werden Schleswig und Holstein unter dem dänischen ›Dach‹ vereint.
1848/52	Die Schleswig-Holsteinische Erhebung gegen Dänemark scheitert. 1852 wird das Land erneut dem Dänenkönig unterstellt.
1864–1866	Deutsch-Dänischer Krieg. Im Wiener Frieden verzichtet Dänemark zugunsten Österreichs und Preußens auf die Herzogtümer Schleswig und Holstein. Im Prager Friedensvertrag tritt Österreich 1866 die Rechte über die Herzogtümer an Preußen ab.
1871	Schleswig-Holstein wird Teil des Deutschen Reiches.
1920	Nach dem Vertrag von Versailles entscheidet sich die Bevölkerung der Gebiete nördlich von Flensburg für Dänemark, die südlich davon für Deutschland.
1945	1,15 Mio. Flüchtlinge aus den Ostgebieten strömen nach Schleswig-Holstein.
1955	Die ›Bonner Erklärung‹ befreit die dänische Minderheit von der 5-%-Klausel bei Wahlen.
1987	Nach dem Tod des Ministerpräsidenten Uwe Barschel (CDU) gelangt die SPD mit Björn Engholm nach 37 Jahren wieder an die Macht.
1993	Heide Simonis (SPD) wird nach dem Rücktritt Engholms erste Ministerpräsidentin eines Bundeslandes.
2000	Die Landtagswahlen bestätigen die rotgrüne Koalition.
2005	Schleswig-Holsteinische Landtagswahlen.

Gut zu wissen

Die meisten Badestrände werden vom DLRG bewacht

Bernstein

Das ›Gold des Nordens‹ entstand aus versteinertem Harz der Bernsteinkiefer, die vor ca. 55–38 Mio. Jahren ganz Nordeuropa bedeckte. Durch Eistransport gelangte der Bernstein zusammen mit den Geröllen an die norddeutschen Strände. Man findet ihn vor allem nach Stürmen, wenn Gesteinsbrocken, Holz und Tang vom Grund des Meeres anlanden.

Zur Unterscheidung von anderen Gesteinen gibt es ein paar Tipps: Rohbernstein ist viel leichter als jeder andere Stein, lädt sich beim Reiben an glatten Flächen elektrisch auf und zieht dann Fussel oder Papierstückchen an. Und er ist brennbar, woher sich auch der Name Bernstein (mittelalterlich = bernen) ableitet. Beim Kauf sollte man nach ›Naturbernstein‹ schauen und keine Steine wählen, die mit ›Echt Bernstein‹ gezeichnet sind. Dann nämlich handelt es sich um Pressbernstein, der erhitzt und meist mit einem Farbzusatz versehen wurde.

Gästekarte & Ostseecard

Die **Gäste-Karte,** mit der die Kurabgaben beglichen wird, berechtigt zu einigen Vergünstigungen. Der Beitrag variiert, er liegt in der Hauptsaison zwischen 1,50 und 3 € (bis 18 Jahre meist frei).

Die **Ostseecard** in Form einer modernen Chipkarte gilt entlang der Küstenorte Ostholsteins sowie Glücksburg, Eckernförde, Eutin und Burg/Fehmarn. Sie kostet den jeweiligen Kurbeitrag im Ort, Kinder erhalten sie für 1 €. Auch sie bietet Ermäßigungen auf Veranstaltungen sowie Freizeit- und Kultureinrichtungen. Zudem ist der Strandzutritt in allen angeschlossenen Orten kostenlos. Nähere Informationen gibt es unter www.ostseecard.de.

Knicks

Mitte des 18. Jh. sollte die erste Bodenreform die einseitige Bodenbewirtschaftung– eine Ursache für Hungersnöte – abschaffen. Das Acker- und Weideland wurde an die Bauern aufgeteilt, die es einzukoppeln hatten. Holzzäune verboten sich von selbst, da Holz eines der wichtigsten Werk- und Brennstoffe war. Daher legte man so genannte Knicks an – Erdwälle, deren Kronen mit Straucharten bepflanzt wurden, die nach dem Abholzen erneut ausschlagen. Je nach Boden und Klima entstanden über 80 Knicktypen, die zur Heimat von bis zu 1800 Tierarten wurden.

Viele Knicks sind mittlerweile den breiteren Wirtschaftswegen gewichen. Heutzutage schätzt man sie jedoch als

Wind- und Erosionsschutz und erhält sie für das ökologische Gleichgewicht. Zur Knickpflege – möglichst per Hand – wird das Strauchwerk etwa alle zehn Jahre ›auf den Stock gesetzt‹, das heißt abgeschlagen, die nachwachsenden Triebe heruntergebogen (geknickt) und lebend verflochten. Das macht sie widerstandsfähig gegen Verbiss und Viehdurchtritt.

Küstenschutz

Umstritten sind die Wellenbrecher, die den Strand vor Sandabtrag bewahren sollen. Sie verhindern nämlich gleichzeitig einen Frischwasseraustausch hinter den Barrieren, wodurch das Algenwachstum ansteigt. Vor den Wellenbrechern, zum offenen Meer hin, kommt es zur Strömungsbeschleunigung, die sowohl für Meeresbewohner als auch für Wassersportler gefährlich werden kann.

Ein Thema bleibt auch die Überfrachtung der Ostsee mit Schadstoffen (Phosphaten und Stickstoffverbindungen), die in letzter Konsequenz zum Sauerstoffmangel, d. h. zum Absterben der Pflanzen- und Tierwelt und wiederum zur Überalgung und zum Sauerstoffmangel führt.

Lesetipps

Ein lebendiges Geschichtsbuch über die alte Hansestadt mit informativen und lustigen Zeichnungen hat Heinz-Joachim Draeger mit seinem Buch **›Lübeck anschaulich‹** geschaffen, das nicht nur Kinder unterhaltsam finden werden. Ebenfalls nicht nur für junge Leser interessant ist der Science-Fiction-Roman **›Nisebakke und Hälldu‹** von Gerhard Edens. Er erzählt von einem Wikingerjungen aus Haithabu, der sich Ende des ersten Jahrtausends mit Hilfe eines Amerikaners aus dem 21. Jh. und dessen Zeitmaschine auf die Suche nach dem Isländer Leif Eriksson begibt, der 60 Jahre später Amerika entdecken wird. Mit dem Seefahrer-Roman **›Simons Bericht – Eine Nordische Odyssee‹** gelang dem Autor Konrad Hansen ein Sittengemälde aus der Frühzeit der Hanse.

Mit seinem Buch **›Salzau – Geschichte eines ostholsteinischen Gutes‹** zeichnet Hartmut B. Klinger eine lebendige Chronik des Gutes (heute Schauplatz des Schleswig-Holstein Musik Festivals) und der dazugehörenden Dörfer und Meierhöfe. Eine kleine Kulturgeschichte des Essens und Trinkens verspricht Jutta Kürtz in ihrem Band **›Großer Hans liebt Schweinebacke‹**. Prägendes über Land und Leute hat Heinrich Mehl in dem Band **›Typisch Schleswig-Holstein?‹** zusammengetragen.

Parken

Wer an einem der sonnigen Wochenenden während der Hauptsaison ein Seebad an der Küste besuchen möchte, tut gut daran, ein öffentliches Verkehrsmittel zu benutzen oder bereits am frühen Morgen aufzubrechen. Die wenigen Autoplätze direkt an der Küste sind schnell belegt und die Großparkplätze meist etwas außerhalb gelegen. Auch die Rückfahrt gestaltet sich oftmals als Geduldsprobe, da alle Zufahrtswege und die Straßen zu den Städten verstopft sind.

In den Parkhäusern der größeren Ortschaften und Städte gibt es dagegen genügend Plätze bzw. Ausweichmöglichkeiten auf Großparkplätze. Wer nicht auf sein Fahrzeug angewiesen ist, sollte den stressfreieren Abstellplatz etwas abseits wählen und den Weg zum Ziel zu einem Spaziergang umgestalten.

Preisniveau

In den Ostseebädern und Kurorten ist das Preisniveau in den Hotels und Restaurants relativ hoch, wobei es auch dort abseits der Promenaden und Kurparks günstigere Einkehrmöglichkeiten gibt. Außerhalb der Touristenhochburgen bekommt man preiswertere Unterkünfte, und auch beim Essen ist das Preis-Leistungs-Verhältnis vernünftiger, vor allem, da die Portionen (auch das Stück Kuchen) sehr groß sind.

Reet

Reetgedeckte Hütten gab es schon um 2000 v. Chr. Die immer dichtere Bebauung erhöhte jedoch die Brandgefahr, so dass eine ›harte‹ Bedachung aus Steinen oder Schindeln Pflicht wurde. Auf dem Lande wurde und wird dagegen weiterhin das ›Weichdach‹ bevorzugt. Das liegt nicht nur an der Schönheit solcher Dächer, sondern an deren bestechenden Eigenschaften: Die Luft gefüllten Halme halten die Räume im Sommer kühl und im Winter warm. Dabei sind sie atmungsaktiv, frei von Kondensatbildung und schützen wirksam gegen Lärm. Das staub-, regen- und schneedichte Dach ist sturmsicher, da es durch seine Elastizität die Schwingungen gegen den Dachstuhl abdämmt, und kann bis zu 100 Jahre alt werden. Gegen die Brandgefahr helfen geeignete Blitzableiter, schwerentflammbare Materialien an der Unterseite des Daches sowie das Herabsetzen der Entflammbarkeit durch Tränkmittel.

Die Reet-Dachdecker sind trotz des immer teurer werdenden Rohmaterials gut ausgelastet. Heute noch fertigen sie das ganze Dach mit den alten Werkzeugen von Hand. Die Firstabdeckung zeigt regionale Unterschiede: In Holstein überwiegt der Rohrfirst, bei dem die Enden nach oben gelegt und mit einer sichtbaren Naht verbunden werden. In der zwischen Flensburg und Kappeln gelegenen Hügellandschaft Angeln bevorzugt man den sog. Knüppelfirst mit Hänge- oder Reithölzern, die scharnierartig verbunden über den First gelegt werden.

Quallen-Alarm?

Bei ablandigem Wind werden manchmal massenhaft Quallen in Ufernähe und an die Strände gespült. Der Wind drückt die obere Wasserschicht aufs Meer hinaus, während die tieferen Wasserschichten mit den Quallen zum Ausgleich zur Küste getrieben werden. Meist handelt es sich bei den grazilen ›Glibber-Dingern‹ um ungefährliche Ohrenquallen, durchsichtig mit vier zart rosa oder lila schimmernden Geschlechtsorganen. Wer sie in Bewegung sieht, wird schnell die feine Grazie der Tiere erkennen. Vorsicht jedoch vor der gelben Haarqualle (auch Feuerqualle), deren Nesselzellen entlang der Tentakel auf der Haut heftigen Juckreiz und Hautausschlag verursachen können. Lebensgefährlich ist es jedoch nicht. Schnelle Abhilfe bringt aufgetragener Sand oder besser noch Essig.

Reisezeit & Klima

Schleswig-Holstein hat durch den Einfluss der zwei Meere ein gemäßigtes Klima (Jahresdurchschnitt um den Gefrierpunkt bis 20/22° C). Typisch für die Ostseeküste ist der Wechsel von mildem, teils regnerischem Westwetter und den Ostwetterlagen, die im Sommer warme und im Winter kalte Luft bringen. Die Ostküste und Fehmarn haben sogar mit die meisten Sonnenstunden in Deutschland.

Das stabilste Wetter mit viel Sonne und wenig Wind herrscht in der Regel in den Monaten Mai und Juni, die sich damit am besten für einen Aktiv- und Natururlaub eignen. Die Landschaft zeigt sich von ihrer schönsten Seite mit leuchtend gelber Rapsblüte und tierischem Nachwuchs, vor allem in der Vogelwelt. Für Badefreunde empfehlen sich Juli und August mit Wassertemperaturen bis19/20° C, jedoch auch mit Schlechtwetter-Perioden.

Der Herbst kann bei wenig Wind noch warme Tage bringen, was ihn zu einer idealen Jahreszeit zum Wandern und Radfahren macht. Allerdings haben manch kleinere Museen und Sehenswürdigkeiten nicht mehr geöffnet. Ende Oktober setzen die ersten Fröste ein und leiten in den nebelig-trüben November über. Bei klarer Sicht mit Reif bedeckter, glitzernder Landschaft oder sogar Eis auf der Ostsee ist jedoch auch der Winter an der Küste wunderschön.

Wind herrscht zu allen Jahreszeiten, so erscheint die ›gefühlte‹ Temperatur immer niedriger als die tatsächliche. Gleichzeitig bringt der Wind aber unverbrauchte Luft und sorgt für einen sich stets ändernden Himmel mit Wolken-Traumgebilden, den ›Bergen‹ der Norddeutschen (Telefonservice zum Reisewetter: Tel. 0190/11 60 02; Seewetter: Tel. 0190/11 69 21).

Souvenirs

Wer ›Maritimes‹ liebt, entdeckt in Fußgängerzonen und Einkaufsstraßen immer Neues: vom mehr oder weniger kitschigen Schnickschnack (meist nicht einmal von der Ostsee) bis zu qualitativ hochwertigem Schiffszubehör, kunstvoll gearbeiteten Buddelschiffen und vor allem Segler-, Fischer- und Regenkleidung. Auch die Kunsthandwerker bieten oft Einmaliges (s. auch Tour 3, S. 112f.).

Unter den kulinarischen Mitbringseln ist neben Räucherfischen wie Kieler Sprotte, Aal und Forelle der Holsteiner Katenschinken eine Köstlichkeit. Wer Süßes mag, wird in Kiel mit Kieler Sprotten aus Schokolade fündig oder in Lübeck mit dem berühmten Marzipan. ›Flüssige‹ Spezialitäten sind Lübecker Rotspon (Weine französischen Ursprungs, die in Lübecks Kellern nachreifen), Lütjenburger Korn und Rum aus Flensburg.

Pfiffige Ideen haben inzwischen auch die Touristik-Büros entwickelt, wie etwa die Eckernförder Armbanduhr mit original Strandsand gefüllt.

Spartipps & Ermäßigungen

Beim Eintritt in Museen, Zoo, Vergnügungsparks etc. erhalten Kinder bzw. Familien, Rentner und oft auch Studenten einen ermäßigten Eintritt. Der kostenlose Kinderpass (in Touristenbüros erhältlich) für Kinder bis 14 Jahren ermöglicht darüber hinaus sogar freien Eintritt in einige Einrichtungen. Dies gilt auch für die Ostseecard oder Kurkarte, die neben der Kurabgabe Vergünstigungen beinhaltet (s. S. 14).

Steilküste

Die Hänge der Steilküste sind kein Kinderspielplatz. Sie stehen an der gesamten Küste unter Naturschutz und dürfen weder beklettert noch als große Rutsche benutzt werden. Zum einen nisten oft Uferschwalben in Sandhöhlen am Top, die beim Brutgeschäft gestört würden. Zum anderen können große Teile des Hanges als Ganzes herabbrechen und spielende Kinder unter sich begraben. Vorsicht ist vor allem im Frühjahr und Herbst geboten, wenn Regen und Wind das Kliff unterhöhlt haben.

Feste & Unterhaltung

Größte Segelregatta der Welt: Kieler Woche

Feiertage

1. Januar: Neujahr
Karfreitag
Ostermontag
1. Mai: Tag der Arbeit
Christi Himmelfahrt
Pfingstmontag
3. Oktober: Tag der deutschen Einheit
25./26. Dezember: Weihnachten

Feste & Events

Von Mai bis August finden im ganzen Land kleinere und größere Feste statt. Austragungsort sind meist Häfen, Strandpromenaden, Seebrücken und Marktplätze (s. auch im Kapitel Orte A–Z, S. 38ff.).

Viele Veranstaltungen haben eine überregionale Bekanntheit erlangt. Dazu gehören nicht nur die großen Sportevents wie die Kieler und Travemünder Woche, die Beach-Volleyball-Meisterschaften, Dahme Trophy und der Windsurf-Cup, sondern auch die diversen Musikdarbietungen – Schleswig-Holstein Musik Festival, Schleswiger Herbst-Jazz, Jazz Baltica, Eutiner Festspiele etc. – oder die vielen Festlichkeiten, die die Geschichte und Tradition des Landes lebendig werden lassen, darunter die Wikinger-Tage, das Neustädter Trachtenfest oder die Gildefeste etc.).

Februar

Kieler Umschlag: Volksfest am letzten Wochenende zur Erinnerung an den ehemaligen Geldmarkt in der Kieler Innenstadt. Bereits seit 1482 kamen einmal im Jahr Kaufleute von weither zu dem größten Tausch- und Geldmarkt des Nordens. Mit der Gründung von Sparkassen und Banken um 1900 war das Geldgeschäft des Kieler Umschlags allerdings überholt, übrig blieb der Jahrmarkt.

März / April

Ostereier-Markt in Eutin: Im Ostholstein-Museum treffen sich an Ostern Künstler vieler Länder, die unterschiedlich gestaltete Eier präsentieren, vom kleinen Wachtelei bis zur Straußenei-Größe.

Laboer Dorschtage: Anfang April wetteifern etwa 400 Angler um den Titel der Dorschkönigin bzw. des Dorschkönigs. An Land gibt es ein Rahmenprogramm mit Kinderdorf und Festzelt.

Mai

Heringstage in Kappeln: Zum Andenken an den traditionellen Fang mit

Hilfe der Heringszäune findet ab Christi Himmelfahrt ein 4-tägiges Stadtfest statt.

Rumregatta: Historische Segelschiffe wetteifern auf der Flensburger Förde am Wochenende nach Christi Himmelfahrt.

Markt ›Anno dazumal‹: 10 Tage lang bieten in Lübeck Händler in historischen Kostümen ihre Waren feil und zeigen ihr altes Handwerk.

Rapsblütenfest: Am 3. oder 4. Wochenende wird in Petersdorf auf Fehmarn der Höhepunkt der leuchtend gelben Rapsblüte mit einem Umzug und der Wahl der Rapskönigin gekrönt, die nun ein Jahr lang ihre Heimatinsel deutschlandweit repräsentieren wird.

Preetzer Schusterfest: Zu Ehren der ehemals über 150 Schuhmacherbetriebe werden am letzten Samstag des Monats um den Marktplatz herum neben den berühmten Holzschuhen Straßentheater, Life-Musik und Kulinarisches dargeboten.

Bluesfest in Eutin: Größen der internationalen Bluesszene geben am letzten Maiwochenende in der Stadt den Ton an, draußen und ganz umsonst.

Juni

Gildefest der St. Johannisgilde in Oldenburg: Am Sonntag nach Pfingsten veranstalten die Gildebrüder der ältesten Totengilde Deutschlands einen Umzug mit buntem Rahmenprogramm.

Kieler Woche: Vom 3. bis 4. Sonntag im Juni (s. S. 70).

Windsurf-Cup auf Fehmarn: Am Fronleichnam-Wochenende zeigen die besten Surfer Europas am Südstrand der Insel ihr Können. Zwischen den Läufen kann man es auch selbst einmal probieren. Gleichzeitig findet am Strand der Beach-Volleyball Nord-Cup statt. Partys und bunte Meilen lassen nach den Wettkämpfen keine Langeweile aufkommen.

Juli / August

Schleswig-Holstein Musik Festival: Von Juli bis August kann man landesweit zwischen etwa 120 Konzerten auswählen und die außergewöhnlichen Spielstätten wie Herrenhäuser, Kirchen, Scheunen oder Schlösser genießen.

Eutiner Festspiele: Zu Ehren von Carl Maria von Weber beginnt die Opernsaison der Freilichtbühne am See. Jeweils drei Werke herausragender Komponisten kommen vor der wunderbaren Naturkulisse zur Aufführung.

Sandworld-Sandskulpturenfestival: Der Priwall-Strand in Travemünde wird im Juli/August zum künstlerischen Riesensandkasten. Phantasiegebilde und Historisches entstehen naturgetreu aus speziellem Sand. Die allabendlichen Lichteffekte setzen die Kunstwerke noch mehr in Szene.

Karl-May-Spiele: Jeden Sommer spielen Indianer und Banditen über

Mühlentag

Zum Deutschen Mühlentag an Pfingstmontag öffnen in ganz Schleswig-Holstein die Mühlen ihre Pforten zur Besichtigung, auch die sonst unzugänglichen. Die Eigentümer oder geschultes Personal erläutern den Aufbau der Mühlen, beschreiben den Weg des Korns vom Feld bis zum Bäcker oder setzen gar das alte Mahlwerk in Betrieb, etwa in der Segelwindmühle in Lemkenhafen auf Fehmarn. Nähere Informationen über die Mühlen und die Teilnahme am Mühlentag gibt es unter www.muehlen-dgm-ev.de.

mehrere Wochen in Bad Segeberg die Hauptrolle (s. S. 81f.).

Juli

Travemünder Woche: Am letzten Wochenende veranstaltet Travemünde die zweitgrößte internationale Segelregatta. Ein reichhaltiges Rahmenprogramm begleitet die Wettkämpfe.

Probsteier Korntage: Einen Monat lang locken zahlreiche Veranstaltungen ›Rund ums Korn‹ in die Region Probstei nordöstlich von Kiel. Gleich zu Anfang des Festmonats wird die Kornkönigin proklamiert. Es folgen die unterschiedlichsten Programmpunkte, wie Korn mahlen, Mühlenbrot backen, Erntesträuße binden, Oldtimer-Traktoren bestaunen, Hofführungen oder Kutschfahrten.

August

Wikingertage in Schleswig: Alle zwei Jahre (2006, 2008) Anfang des Monats verwandelt sich Schleswig am Ufer der Schlei in eine Wikingerstadt. Leben und Arbeiten der Nordmänner kann man miterleben und einiges selbst ausprobieren.

Piratentage in Eckernförde: Drei Tage lang am dritten Wochenende des Monats haben Piraten das Sagen in der Stadt. Ein Spektakel mit Markttreiben, Straßentheater, Musik und Schatzsuche.

Klosterfest in Cismar: Am zweiten Wochenende wird das Kloster aus dem 13. Jh. zur Kulisse eines edlen, historischen Kunsthandwerkermarkts mit köstlichen Leckereien.

Twiebakken-Regatta: Am Holmer Hafen von Schleswig liefern sich Ende des Monats alte Fischerkähne ein Rennen auf der Schlei. Der Name verweist auf den Trostpreis des Verlierers: eine Packung Zwieback.

September / Oktober

Tag des Denkmals: Am zweiten Sonntag im September können viele in Privatbesitz befindlichen historischen Gebäude besichtigt werden.

Hubertuswochen: Die Zeit Ende September/Anfang Oktober gehört dem herbstlichen Wald und den Pferden. Im Ostseebad Kellenhusen gibt es Waldkonzerte und ein großes Lichterfest. Beim Hubertusausritt, der Schnitzeljagd und dem Pferde-Gespann-Rennen dominiert das Geklapper von hunderten Pferdehufen das Festgeschehen.

Herbstmarkt im Freilichtmuseum Molfsee: Zehn Tage lang Anfang Oktober bieten über hundert Aussteller in den historischen Gebäuden des Museums ihr Kunsthandwerk dar.

November / Dezember

Nordische Filmtage: Anfang November wird Lübeck zur Filmhauptstadt des Nordens.

Eutiner Weber-Tage: Mitte des Monats, um den Geburtstag des großen Komponisten, finden zahlreiche Veranstaltungen statt, die an Carl Maria von Weber (1786 geboren) und seine Zeitgenossen erinnern.

Weihnachtsmarkt im Lübecker Heiligengeist-Hospital: Am Freitag vor dem ersten Advent beginnt in der Hansestadt für elf Tage der Weihnachtsmarkt in den historischen Räumen des Heiligengeist-Hospitals. Die Aussteller benutzen die ehemaligen Schlafkammern (Kabäuschen) zur Darbietung ihrer Waren.

Schleswiger Schwahl-Markt: Der Kreuzgang von St. Petri öffnet sich sieben Tage lang ab Samstag vor dem zweiten Advent für einen Weihnachtsmarkt. An historisch malerischer Stätte kann man Weihnachtliches von Kunst bis Kitsch erstehen.

Unterwegs mit Kindern

Das Urlaubsziel Ostseeküste Schleswig-Holstein

Allein schon durch die endlosen Sandstrände ist die Ostseeküste ein ideales Urlaubsgebiet für Kinder. Aber auch Bewegungsdrang und überschüssige Energie größerer Kinder werden durch die vielen Sportangebote zu Wasser und zu Lande aufs Vielfältigste befriedigt. Zusätzliche Spiel- und Betreuungsangebote in jedem Strandbad gönnen auch den Eltern einmal erholsame ›Auszeiten‹. Tiere auf dem Bauernhof, Pferdehöfe, Erlebnisparks und kindgerechte Museen sorgen auch an trüben Tagen für Kurzweil.

Unterkünfte

Vielfach haben sich Hotels mit Familienzimmern, Zustellbetten etc. auf Gäste mit Kindern eingestellt. Die Möglichkeit der Selbstversorgung macht Ferienhäuser, Apartments oder Campingplätze jedoch meist attraktiver. Bei jüngeren Kindern bleiben die Ferien auf dem Bauerhof die Nummer eins: Trecker fahren, Tiere streicheln, Pony reiten und auch mal selber Hand anlegen. Übernachtungen in Heuherbergen verschaffen Abwechslung im normalen Schlaf-Alltag.

Im Restaurant

Nahezu jedes Restaurant bietet die obligatorischen Kinderteller an: Pommes, Würstchen, kleines Schnitzel etc. Zur Abwechslung probieren Sie es doch mal mit einem halben Erwachsenenteller, bei dem die Auswahl wesentlich größer und auch gesünder ist; einige Restaurants lassen sich darauf ein. Die Preise liegen dann etwas höher (meist mehr als die Hälfte), aber die Qualität ist oft besser.

Am Strand

Wegen ihres flachen Einstiegs ins Wasser sind vor allem die Strände der Probstei und Hohwachter Bucht, der Ostküste sowie der Südstrand von Fehmarn für Nichtschwimmer und kleine Kinder geeignet. Die Strände an den Steilküsten sind dagegen geröllreicher und grobsandiger, so dass sie für zarte Kleinkinderfüße weniger angenehm sind. Viel rauer mit einem meist höheren Wellengang geht es an der Flensburger Förde, an der Ostküste Fehmarns und an der Kieler Außenförde zu.

Regenwettertipps

Bei Schmuddelwetter rangieren die **Schwimm- und Spaßbäder** an erster Stelle. Allerlei Meeresgetier, Seehunde und sogar Haie sind in den **Aquarien** in Kiel (S. 68), Burg (S. 45) oder Timmendorfer Strand (s. S. 101) zu beobachten. Kuscheliger sind die Tiere in den **Zoos** von Gettorf (S. 44) oder Grömitz (S. 56) sowie im **Eselpark** Nessendorf (S. 84).

Viele Museen sprechen speziell Kinder an: die **Schifffahrtsmuseen** in Flensburg und Kiel (S. 51, 70), das **Muschelmuseum** in Cismar (S. 65) sowie das **Preetzer Cirkusmuseum** (S. 97). Um das Wikingerleben geht es in **Haithabu** (S. 91f.), und wie die Großeltern gespielt haben und unterrichtet wurden, ›erlebt‹ man im **Kindheitsmuseum** in Schönberg (S. 95). Das Experimentalmuseum **Phänomenta** in Flensburg (S. 53) und die **Experimenta** auf Fehmarn (S. 48) regen zum Staunen an, wie auch – auf andere Art – die **Besichtigung des U-Boots** in Laboe (S. 73).

Viele Anregungen bietet die vielerorts ausliegende Broschüre ›Tipps für Kids‹ bzw. die Website www.tippsfuerkids.de.

Übernachten

Übernachten in alten Herrenhäusern – zum Beispiel auf Gut Ludwigsburg

Trubel oder Ruhe

Wer während des Urlaubs ein vielfältiges Angebot für Aktivitäten aller Art – Nachtleben, Kultur, Fitness – bevorzugt, ist in den Städten und Badeorten an der Küste richtig. Die Terminkalender sind voll mit Veranstaltungen wie Regatten, Märkten, Musik-Festivals oder besonderen Themenfesten.

Es ist aber immer nur ein Katzensprung zu ruhigeren Orten im Binnenland, am See oder in eines der Naturschutzgebiete, in denen man ganz für sich sein kann.

Bei der Wahl der passenden Unterkunft helfen die umfangreichen Gastgeberverzeichnisse, die die Tourist-Informationen (s. S. 32) gerne zuschicken.

Pauschal oder individuell?

Viele Angebote wie Wochenend-Rabatte, kostenloses Kinderbett etc. gibt es nur in der Vor- oder Nachsaison. Dafür lassen sich die Touristikbüros das ganze Jahr über andere Vergünstigungen einfallen. Mit speziellen Broschüren werben sie für Pauschalpakete mit vielen Extras (Stadtbesichtigung, Theaterbesuch, Wellnesstage, freier Eintritt im Erlebnisbad oder ein romantisches Abendessen) oder für themengebundene Kurzreisen (Segel-, Surf- oder Angelwochen, Reisen zur Rapsblüte u. v. m.).

›Kiel à la carte‹ bietet zur Übernachtung wie im Baukastensystem Zusatzleistungen an. Hochzeiten werden in ungewöhnlichem Ambiente ausgerichtet, etwa auf einem Schiff, einem Leuchtturm oder in einem der Herrenhäuser.

Hotels & Pensionen

An der schleswig-holsteinischen Ostseeküste gibt es eine große Auswahl an Unterkünften. Sie reicht von 4- oder 5-Sterne-Hotels mit großem Wellnessbereich über hervorragende Häuser der Mittelklasse bis zu guten, individuell gestalteten Pensionen. Die Preise reichen von 30 € zu ca. 200 € pro Doppelzimmer. Wesentlich günstiger sind Privatzimmer (ab 16 €), bei denen persönliche Ausflugs- und Besichtigungstipps oft inbegriffen sind. Einige Herrenhäusern bieten nahezu ›fürstliche‹ Übernachtungen in herrlicher Umgebung an (s. Reiseteil, S 38ff.).

Ferienwohnungen

Die Vermieter stellen sich vermehrt auf Gäste mit Kindern ein, oft ist ein Garten, ein Spielplatz und eine Wohnküche inbegriffen. In der Hauptsaison muss man die Unterkunft jedoch meist wochenweise buchen. Unter www.ferienhausmagazin.de findet man auch Quartiere für Rollstuhlfahrer und Allergiker.

Ferien auf dem Bauernhof

Das Angebot der Höfe mit Ferienunterkünften ist groß und recht unterschiedlich. In einer richtigen Hofwirtschaft werden kleine Gäste gerne in den Alltag mit einbezogen. Man darf jedoch keine allzu empfindliche Nase gegenüber ›ländlichen Gerüchen‹ haben und wegen der Tiere muss man mit Fliegen rechnen. Meist überwiegt jedoch die Begeisterung, Pony reiten, Traktor fahren und das Füttern und Melken der Tiere aus nächster Nähe mitmachen oder beobachten zu dürfen. Andere Höfe haben sich aufs Pony-Reiten oder andere Animationsprogramme spezialisiert. Einen Katalog qualitätgeprüfter Höfe verschickt die Arbeitsgemeinschaft Urlaub auf dem Bauernhof e. V., Holstenstr. 106–108, 24103 Kiel, Tel. 0 4 31/9 79 73 45, Fax 0 4 31/9 79 71 07, www.bauernhof-erlebnis.de.

Heuherbergen

Man übernachtet in hergerichteten Scheunen, deren Schlafkammern weich mit Heu gepolstert sind. Für Bettzeug und eine Taschenlampe muss man selber sorgen. Mehrere Gäste teilen sich ein Bad und eine Küche. Rauchverbot versteht sich von selbst. Ein besonderes Erlebnis ist es allemal, wenn auch für einen zweiwöchigen Urlaub etwas gewöhnungsbedürftig. Ein Verzeichnis der Herbergen gibt die Landwirtschaftskammer Schleswig-Holstein heraus, Am Kamp 9, 24783 Osterrönfeld, Tel. 0 43 31/84 14-0, www.heuherbergen.de.

Jugendherbergen

Die Einrichtungen haben sich in den letzten zwei Jahrzehnten grundsätzlich geändert. Der Komfort erreicht bei manchen Häusern nahezu Pensionsniveau. Allerdings ist der Preis auch gestiegen (pro Person ca. 13–18 €, ab 27 Jahre plus 2,70 € inkl. Frühstück). Voraussetzung ist die Mitgliedschaft im deutschen Jugendherbergswerk, die man vor Ort erwerben kann. Üblich sind 4–6-Bett-Zimmer nach Geschlechtern getrennt sowie einige Familien- und Paarräume. Kostenloses Informationsmaterial erhält man beim DJH-Landesverband Nordmark e. V., Rennbahnstr. 100, 22111 Hamburg, Tel. 0 40/6 55 99 50, Fax 0 40/65 59 95 44, www.djh.de/nordmark.

Camping

Entlang der Ostseeküste und der zahlreichen Seen reihen sich die Campingplätze in relativ kurzem Abstand aneinander. Spielplätze, Freizeitangebote oder Animationsprogramme sind meist Standard. Über Lage und Öffnungszeiten der Plätze informiert der Verband der Campingunternehmer Schleswig-Holstein e. V., Kiefernweg 14, 23829 Wittenborn, Tel. 0 45 54/7 05 65 33, Fax 0 45 54/48 33, www.vcsh.de oder www.camping-schleswig-holstein.de.

Bett & Bike

Für das Fahrrad-Land schlechthin war es längst überfällig: Unterkünfte, die sich speziell auf Radfahrer einstellen. Die wichtigsten Kriterien sind: Zimmer auch für eine Nacht, abschließbarer Fahrradraum, Trockenraum für nasse Kleidung und Info-Material wie Fahrradkarten, Fahrpläne für Bus, Bahn und Fähre, nächste Fahrradreparaturwerkstatt etc. Der ADFC Schleswig-Holstein hat für solch fahrradfreundliche Gastbetriebe das Buch ›Bett & Bike‹ für 4,90 € herausgegeben.

Essen & Trinken

Frischer Fisch, direkt vom Kutter

Regionale Vielfalt

Norddeutschland war bekannt für seine deftige und reichhaltige Küche. Inzwischen haben kreative Köche leichtere Varianten der klassischen Küche geschaffen. Man kocht mit lokalen, frischen Zutaten, wobei der Reiz oft in der Verbindung von süß und sauer liegt.

Fisch in allen Variationen, wie etwa Hering als Rollmops, Matjes oder Brathering, steht auf der Beliebtheitsskala weiterhin an erster Stelle. Man sollte jedoch auch die nicht alltäglichen Fleischsorten probieren, wie den Holsteiner Katenrauchschinken, das herzhafte, nicht zu fette Fleisch der Angelner Sattelschweine oder die zarten, aromatischen Steaks der Galloway-Rinder. Saison- und gebietsabhängig findet man ebenso vorzügliche Spargel-, Geflügel- oder Wildgerichte auf der Speisekarte.

Grote Hans und Rote Grütt

Manche schleswig-holsteinische Gerichte sind zunächst ein wenig gewöhnungsbedürftig, wie etwa **Labskaus,** das typische Seemanns-Gericht (s. S. 26) oder das von den Wenden überlieferte **Schwarzsauer:** eine kräftige Suppe, die – nur noch selten – am Schlachttag aus Wurstbrühe, frischem Schweineblut und kleinen Fleischteilen gekocht wird. Bei Kindern sehr beliebt ist der **Grote Hans,** eine Art Mehlkloß mit Fruchtsauce (s. S. 26). Die **Rote Grütze** ist eine erfrischende Nachspeise aus roten Beeren und Milch.

Grütze war lange Zeit das Hauptgericht der Bauern und einfachen Leute. Sie wurde aus Gerste, Roggen, Weizen, Buchweizen, Hafer oder Graupen mit Wasser, Saft oder Milch gekocht. Und wenn man Glück hatte, schwamm in der Mitte ein Buttersee oder gar ausgelassener Speck.

Fisch, frisch vom Kutter

Fisch gibt es in allen Variationen: Gebraten, geräuchert, gedünstet oder sauer eingelegt. Empfehlenswert sind fangfrischer **Butt** und **Lachs** knusprig sowie **Dorschfilet** in Kräutereihülle gebraten oder mit Senfsauce.

Makrele und **Aal** genießt man am besten geräuchert, direkt vom Fischgeschäft auf die Hand. Besonders lecker ist auch die **Kieler Sprotte,** der gesalzene und über Buchenholz geräucherte **Hering,** der durch Zugabe von Erlenholz seinen goldenen Glanz erhält.

Süßwasserfische wie Zander, Lachsforelle und Karpfen sind die Spezialitäten der Restaurants direkt an den Seen der Holsteinischen Schweiz sowie am Westen- und Wittensee. Manchmal wird auch die seltene Maräne, ein delikater Edelfisch, angeboten.

Gemüse-Allerlei

Mit Zunahme des Gemüseanbaus kam der aus der Region Angeln stammende **Schnüsch** (s. S. 26) in Mode, ein saisonal bestimmter Quer-durch-den-Garten-Eintopf. **Birnen, Bohnen und Speck** war und ist ein typisches Montagsgericht, für das Schinken mit grünen Bohnen und süßen Birnen zusammen gekocht wird. **Rübenmus** ist ebenfalls ein schnelles, preiswertes und sehr beliebtes Gericht (s. S. 26). Im Herbst nach den ersten Frösten gibt es auch hier die traditionellen **Grünkohlgerichte** der Westküste.

Gourmet Festival

Doch auch Liebhaber der fein-eleganten Küche kommen auf ihre Kosten: Das alljährlich stattfindende **Schleswig-Holstein Gourmet Festival** beweist, dass Schleswig-Holsteiner vorzügliche Gerichte auf der Basis traditioneller Rezepte zu schätzen wissen. Von Oktober bis März geben Spitzenköche aus ganz Deutschland in Schleswig-Holstein ein Gastspiel. In welchen Restaurants die Küchenkünstler ihre Kreationen anbieten, erfährt man unter der Telefonnummer 0 48 81/9 35 00 bzw. im Internet unter www.gourmetfestival.de. Unter www.sh-tourismus.de/restaurants stellen sich übrigens einige Restaurants der Küste im Internet vor.

Heiß und hochprozentig

Bei Getränken halten sich die Schleswig-Holsteiner stets an den Spruch: »Beeter en lütjen Seever as en lüt Fever« (lieber einen kleinen Rausch als ein leichtes Fieber), denn nicht nur das Essen soll bei dem manchmal rauen Klima für die nötige Wärme sorgen. Zur rechten Zeit ein steifer **Klarer,** ein ordentlicher **Grog** oder ein **Punsch** aus Tee und weißem oder gelbem Köm oder auch Rum und Weißwein sind stets willkommen. Wird etwa bei Geburtstagen oder anderen Familienfeiern kurz an der Haustür gratuliert, gibt es einen Schnaps zum Dank.

Öffnungszeiten

Die Essenszeiten sind für nicht ganz so nördliche Gäste etwas ungewöhnlich: Die Mittagszeit reicht von Punkt 12 bis maximal 14 Uhr (wir befinden uns in einem alten Bauernland!), Kaffee gibt es zwischen 14 und 15 Uhr (in Cafés natürlich länger), und Abendbrot wird spätestens um 18 Uhr gegessen. Diese Zeiten spielen in den Touristenorten keine so große Rolle. Wer aber nach 14 Uhr noch etwas Warmes zu essen haben möchte, muss schon ein wenig suchen.

Bauerhofcafés

Hausgemachte Kuchen nach bewährten Rezepten oder Wurst-, Schinken- und Käsebrote aus eigener Herstellung schmecken in ländlicher Atmosphäre, z. T. in großzügigen Gutsanlagen, besonders gut. Daneben locken Obstpflückaktionen, Cafégartenkonzerte, Kunstaustellungen und vieles mehr. Kinder können zwischendurch den Bauerhof mit seinen Tieren erkunden. Eine Broschüre mit Adressen von Bauernhofcafés erhält man von der Landwirtschaftskammer Schleswig-Holstein, Holstenstraße 106-108, 24103 Kiel, Tel. 04 31/9 79 73 84, www.lwk-sh.de.

Typische Gerichte

Aalsuppe, süßsauer Eine Suppe aus Gemüse, Pflaumen, Birnen, Äpfeln und Aalstücken

Birnen, Bohnen, Speck Ein deftiges Eintopfgericht aus Schinken, knackigen Bohnen und süßen Birnen

Grote Hans Teigkloß mit Milch und je nach Geschmacksrichtung Mandeln, Nüssen und Rosinen, der mit Fruchtsauce oder Schweinebacke oder beidem gegessen wird

Katenschinken Über Buchenholz und Wacholderspäne geräuchert, erhält der Schinken einen etwas süßlichen Geschmack

Kieler Sprotte Der maximal 15 cm lange Heringsfisch wird über Buchen- und Erlenholz geräuchert und dann mit ›Kopp und Steert‹ verzehrt

Labskaus Das traditionelle Seemannsgericht an Bord der Schiffe, ursprünglich aus Resten zusammengesetzt, hat sich mittlerweile landfein gemacht: ein deftiges Gemisch aus zerkleinertem, gepökeltem Schweine- und Rindfleisch, Kartoffeln, Roten Beeten und Rollmops

Lübecker Schwalbennester Roulade aus Kalbschnitzel, Schinken und gekochtem Ei

Matjes Der ganz junge Hering erhält dank der eigenen Fermente und Salz in wenigen Tagen sein butterzartes Fleisch und das spezielle Aroma

Rübenmus eine deftige Beilage aus püriertem Gemüse (Rezept s. rechts)

Schnüsch Frisches Gemüse, mit Milch und Butter übergossen und mit Schinken, Speck oder Salzhering gereicht

Schwarzsauer Kräftige Suppe, die am Schlachttag aus Wurstbrühe, frischem Schweineblut und kleinen Fleischteilen gekocht wird

Steckrübensuppe mit Räucheraal In Rinderbrühe gegarte Steckrüben werden püriert und mit Aalfilet serviert

Strammer Max mit Holsteiner Katenschinken Eine große Scheibe Vollkornbrot mit Katenschinken (s. o.) und Spiegelei

Rezept: Rübenmus

Zutaten (für 4 Personen)
1 kg Steckrüben
200 g Möhren
500 g Kartoffeln
100 g Schinkenspeck
50 g Butter
1/8 l Sahne
Salz, Muskat, Pfeffer, Prise Zucker

Zubereitung: Steckrüben, Möhren und Kartoffeln würfeln, Schinkenspeck, Rüben und Möhren in 1 l Salzwasser aufsetzen (Kartoffel etwa 10 Minuten später zugeben) und gar kochen. Den Speck herausnehmen, den Rest pürieren und mit Pfeffer, Muskat, Butter und Sahne abschmecken. Als Beilage schmecken Kochwurst, Kasseler oder Schweinebacke (im September bei den Schleswiger Rübentagen zu probieren).

Süßes

Fliederbeersuppe Fliederbeersaft wird mit Zucker, Zitrone, Zimt und Äpfeln aufgekocht und mit feinen Griesklößchen angereichert. Wird warm oder kalt gegessen

Heiße Wecken Gewürzte Korinthenbrötchen, die möglichst warm mit Butter oder Sahne gegessen werden.

Eine Kaffeezeit-Spezialität von Weihnachten bis Fastnacht

Lübecker Leckerei Die feine Praline mit Marzipanfüllung gibt es vor allem an Silvester

Lübecker Marzipan Die unendlich ideenreich ausgeformte Rohmasse besteht aus Mandeln und Zucker. Bei Niederegger in Lübeck wird der Zucker sogar weggelassen und nur ausgewählte, geröstete Mandeln verarbeitet.

Preetzer Eierkringel Butterteig-Kringel mit Hagelzucker bestreut

Rote Grütze ein dickes Kompott aus gekochten roten Beeren, das kalt mit Milch oder Vanillesauce serviert wird

Rezept: Stachelbeergrütze

Zutaten

450 g Stachelbeeren
1–1,5 l Wasser
125 g Reismehl oder Sago
200 g Zucker
Zitronenschale

Zubereitung: Stachelbeeren putzen, waschen und im Wasser weich kochen, mit Zucker und Zitronenschale abschmecken. Unter Rühren das Reismehl oder den Sago zugeben und gar kochen. Die Grütze wird mit Sahne, Eis oder Vanillesauce gereicht.

Getränke

Angler Muck Eine Art Grog oder Punsch, der in verschiedenen Varianten heiß oder kalt angeboten wird (Rezepte s. rechts)

Eiergrog Ein Grog (s. u.), bei dem man ein schaumig geschlagenes Eigelb darunterhebt

Grog Das typische ›Schietwetter‹-Getränk wird aus Rum mit heißem Wasser und Zucker zubereitet

Kappelner Heringslake Aquavit

Kappelner Mühlengeist Fruchtsaftlikör aus schwarzer Johannisbeere

Kleiner Feigling Likör aus Feige und Wodka, der aus Eckernförde stammt

Köm Klarer Korn

Lütt und Lütt Bier und Korn

Pharisäer Kaffee mit Rum, Zucker und einer Sahnehaube, die ursprünglich den Alkohol ›vertuschen‹ sollte

Rotspon Weine französischen Ursprungs, die in Lübecks Kellern nachreifen

Tote Tante Kakao mit Rum und Sahnehaube

Rezept: Angler Muck

Der Angler Muck wird immer in speziell gefertigten 1,5 l-Muck-Krügen gereicht und in kleine Muck-Gläser (5 cl) gefüllt. Der Name stammt aus dem Englischen (*mug* = Krug). Früher ließ man den Krug am Tisch kreisen und sang dabei: »Hol de Muck nich op, hol de Muck nich op, las de Pott jetzt kreisen.«

Es gibt gleich mehrere Arten der Muck-Zubereitung:

Heiß servierte Variante

1 l heißes Wasser
0,5 l vorgewärmter Rum
12 Stück Würfelzucker

Kalt servierte Variante I

0,7 l Zitronensprudel
0,4 l Rum + 0,4 l Wasser

Kalt servierte Variante II

1 l Zitronensprudel
1/2 l Korn

Aktivurlaub

Die Ostseeküste
– ein ideales Surfrevier

Angeln

Bei nahezu 200 Seen, zahlreichen Flüssen, den Förden und der offenen See schlägt das Herz jedes Petrijüngers höher. Für das Angeln in den Binnengewässern gelten die Fischereiordnungen. Man benötigt einen Jahresfischereischein sowie einen Erlaubnisschein, die man in den zuständigen Ordnungsämtern oder im Fischereiamt erhält. Die Gebühr beträgt ca. 4–9 €/Tag bzw. 15–25 €/Woche.

Zum Angeln an der Küste oder zum Hochseeangeln braucht man einen gültigen Fischereischein oder eine zeitlich begrenzte Ausnahmegenehmigung (max. 40 Tage). Informationen verschickt der Landessportfischerverband Schleswig-Holstein, Tel. 0 4 31/67 68 18, www.lsfv-sh.de). Man kann sich auch einer der geführten Hochseeangelfahrten (etwa in Heiligenhafen (s. S. 60) oder Maasholm (s. S. 64) anschließen.

Baden

Das Baden in Ufernähe ist weitgehend ungefährlich, da meist keine reißende Brandung zu befürchten ist. Draußen in den Förden gibt es jedoch gefährliche Strömungen, über die man sich vor dem Hinausschwimmen informieren sollte. Die Strände fallen in aller Regel flach ins Meer ab und sind daher vor allem für Familien mit Kindern sehr gut geeignet. Den Strandkorb, das ›Wahrzeichen‹ der norddeutschen Küste, gibt es nahezu überall zu leihen (etwa 7–9 €/Tag bzw. 20–25 €/Woche). Bei starkem Wind darf nicht gebadet werden, dies zeigen an bewachten Stränden aufgezogene rote Sturmbälle an. Die meisten Badestrände werden vom DLRG überwacht. Beim Spielen an Buhnen sollte man auf scharfkantige Steine unter den Befestigungen achten.

Die Wasserqualität wird im Sommer intensiv überwacht. Bei einer möglichen Blaualgen-Massenentwicklung (›Blüte‹) in warmen Sommern wird an den Seen Badeverbot erteilt. Eine Algenfrühwarnung kann man im Internet unter www.algenreport.de abrufen.

Für textilfreies Baden (FKK) ist an fast allen Stränden ein Bereich außerhalb des Kurstrandes abgesteckt.

Ballon fahren

Mit dem Heißluftballon über den Wipfel schweben – diesen Traum erfüllt u. a. das Ballonteam Santa Fe aus Westensee (Tel. 0 43 05/8 37). Je nach Wetterbedingungen kann man das ganze Jahr über (Mo–Fr) die Sicht von oben genießen (ca. 200 €/Person).

Golf

An der Küste und im Hinterland von Glücksburg bis Travemünde gibt es etwa fünfzehn 9-, 18/20- und 27/36-Loch-Anlagen. Die meisten Plätze bieten Schnupperkurse für Anfänger an und verleihen auch die Ausrüstung. Die Touristikbüros der Urlaubsorte geben Auskunft über die Golfclubs in der Umgebung. Informationen im Internet bekommt man unter www.gvsh.de, Angebote unter www.golfpaket.de.

Klettern

Wer gute Nerven hat und schwindelfrei ist, kann im Hochseilgarten Malente (www.hochseilgarten-malente.de) oder auf Fehmarn auf dem Seil von Plattform zu Plattform balancieren. Ebenfalls auf Fehmarn laden acht verschiedene Kletterrouten Könner und Neulinge auf Europas höchste künstliche Kletteranlage an einem Silo ein (s. S. 47).

Radfahren

Das Wegenetz für Fahrradfahrer ist im ganzen Land gut bis sehr gut ausgebaut. Es gibt diverse Karten und Routenvorschläge wie etwa den 450 km langen Ostseeküsten-Radweg von Lübeck bis Dänemark oder die Rad-Wander-Erlebnis-Karte (à la card) der Region Oldenburg–Kellenhusen–Grömitz-Neustadt mit vier unterschiedlich angelegten Touren: der RundTour, der KulTour, der HisTour und der NaTour über insgesamt 220 km. Mit Hilfe der Radwanderkarte ›Historischer Ochsenweg‹ (1: 75 000, Bielefelder Verlagsanstalt) kann man sich auf die Spuren des einstigen Ochsenweges in Schleswig-Holstein begeben (s. S. 55).

Die kostenlose Broschüre ›rad-spezial‹ (zu bestellen unter Tel. 0 18 05/60 06 04) gibt erste Anregungen für den Rad-Urlaub. Über die Mitnahme der

Die schönsten Strände

Schönbergerstrand: Ideal für Kinder: Die einzelnen Strandabschnitte sind durch Buhnen aufgeteilt und daher sehr übersichtlich. Auf der Deichpromenade kann man wunderbar Inline-skaten (F 4).
Hohwacht: Der weiche Sandstrand ist zum Sonnenbaden und Buddeln geeignet. Die neu gestaltete Promenade lädt zum Spazieren ein (G 5).
Falkensteiner Strand: Der kurtax-freie Strand wird vor allem von Jugendlichen und Familien bevorzugt. Der Strand fällt flach ins Meer und hat den Leuchtturm Friedrichsort direkt vor der Nase (E 4).
Sierksdorf: An der Steilküste am nördlichen Strandende geht es noch ruhiger zu. Allerdings ist der Einstieg ins Wasser etwas geröllreicher und die nächsten Fischbrötchen sind etwa 20 Minuten entfernt (H 6).
Katharinenhof (Fehmarn): Der Strand am 16 m hohen, bewaldeten Steilkliff unterhalb von Katharinenhof ist naturschön. Die großen Gerölle sind zwar weniger zum Liegen geeignet, dafür aber zum Klettern, Herumstöbern und Fossiliensuchen im 50 Mio. Jahre alten Ton (K 4).

Drahtesel in der Bahn informiert die Radfahrer-Hotline der Deutschen Bundesbahn (Tel. 0 18 05/15 14 15).

Reiten

Die Heimat des bekannten ›Meteor‹ von Fritz Thiedemann hat eine lange Pferdetradition. Neben den berühmten Holsteinern und Trakehnern stehen Reitern auf den Pferdehöfen im Lande auch Haflinger oder Islandponys zur Verfügung. Vom Probesitzen über Reiten auf dem Platz bis zu Ausritten über Land und an den Ostseestränden kann jeder für sich das Passende aussuchen. Beliebt, besonders bei Mädchen, sind Ferien auf dem Reiterhof ohne Eltern. Die Adressen der entsprechenden Höfe sind in den Gastgeberverzeichnissen zu finden oder unter www.komm-mit-pferd.de. Auch die Broschüre ›Quartier für Ross und Reiter‹ informiert über entsprechende Reiterhöfe (Tel. 0 4 31/ 9 79 70).

Segeln

Ideale Segelreviere mit über 150 Liegeplätzen gibt es an der ganzen Ostseeküste, vor allem zwischen Kiel und Flensburg. Segelschulen und Bootsverleihe findet man in nahezu jedem größeren Ostseebad sowie rund um die Binnenseen. Es werden Kompaktkurse für Erwachsene und für Kinder angeboten. Gerade für Anfänger eignen sich eher die Seen, die Schlei oder auch die Innenförden. Auskunft erhält man beim Segler-Verband Schleswig-Holstein (Tel. 0 4 31/6 48 61 70, www.seglerverband-sh.de. Informationen über einzelne Segelreviere an der Ostseeküste findet man unter www.segel.de/reviere/schleswig.

Surfen

Surfer ziehen die Ostseeküste der Nordseeküste vor, da wegen der fehlenden Gezeiten die Bewegung an der Wasseroberfläche geringer ist. Es gibt kaum einen Strand, an dem nicht eine Surfschule zu finden ist. Die schnellsten Surfreviere liegen um Fehmarn herum, in der Lübecker Bucht und in der Flensburger Förde. Für Anfänger bieten die geschützteren Förden und die Binnenseen geeignete Übungsflächen. Neoprenanzüge kann man oft ausleihen. Vor Ort sollte man sich über die Eigenarten des Reviers erkundigen (oder unter www.windfinder.com). Selbst im Winter setzen Eissegler auf dem Wittensee und der Schlei auf den Wind.

Noch rasanter als das Windsurfen ist das Kitesurfen, bei dem statt des Segels eine Art Lenkdrachen als ›Antrieb‹ benutzt wird. Könnern sind mit großen Kites bis zu 10 m hohe Sprünge möglich. Die Webseiten www.kiteschule-kiel.de oder www.kitesurfing.de informieren über entsprechende Schulen.

Tauchen

Gerade für Tauchanfänger ist die Ostsee mit mehr als 40 Tauchplätzen ideal. Hinter dem meist flach abfallenden Sandstrand liegen die Seegraswiesen, in denen u. a. Stichlinge, Grundeln und Schnecken ihre Reviere haben. Es spielt sich alles zwischen vier und zehn Metern ab, allerdings etwas kleiner und teils verborgener als in wärmeren Meeren. Informationen geben Tauchbasen, etwa in Eckernförde, Flensburg oder Kiel-Friedrichsort. In Damp bietet Peter Klink spezielles Wracktauchen an oder als Alternative eine Tauchfahrt mit dem Schiff ›Bubblewatcher‹ (s. S. 39).

Wellness an der Ostseeküste

Das vergleichsweise milde und reizarme Klima an der Ostsee wird von vielen besser vertragen als das intensive Nordseeklima. Neben dem erfrischenden Spaziergang am Strand, Kneipp'schen Kuren, Strand- und Wassergymnastik, Yoga etc., die jeder Gast zu jeder Zeit mitmachen kann, bieten einige Hotels individuelle Wellness-Programme für ein Wochenende und auch bis zu einer Woche an.
Die Anwendungen im Beauty- und Wohlfühl-Bereich reichen von den herkömmlichen Angeboten wie Massagen, Packungen und Schönheitspflege bis zu exotisch klingenden Wohlfühl-Therapien, die mit warmen Kräuterkompressen, Duftölen, entspannenden, sanften Massagen und prickelnden Bädern sowie Wasserdampf-Saunen auch die Sinne ansprechen.
Zu den ›Verwöhn-Oasen‹ gehören u. a. das **Apparthotel Svenson** in Kappeln (s. S. 63), das Gartenhotel **Weißer Hof** in Malente, der **Alte Meierhof** in Glücksburg (s. S. 53), das Hotel **Seeschlösschen** in Timmendorfer Strand (s. S. 102), das **Ostseehotel** in Großenbrode und das Hotel **Hohe Wacht** in Hohwacht (s. S. 61). Einen Überblick über entsprechende Hotels gibt die Internetseite www.sh-wellnessportal.de.

Wandern

Neben vielen gut gekennzeichneten Wanderwegen führt auch der Fernwanderweg E6 ›Ostsee–Wachau–Adria‹ durch das östliche Schleswig-Holstein. Zu jeder Jahreszeit kann die besonders schöne Strecke zwischen Kiel und Eutin erwandert werden.

Wanderkarten mit Routenvorschlägen sind in den Buchhandlungen oder Touristikbüros erhältlich (www.wanderverband-norddeutschland.de). Empfehlenswert sind die ›Kompass-Wanderkarten‹ im Maßstab 1:50 000. Fünf Karten decken das Gebiet der gesamten schleswig-holsteinischen Ostseeküste, einschließlich der Holsteinischen Schweiz, ab. Kartenmaterial erhält man auch beim Landesvermessungsamt Schleswig-Holstein/Kartenvertrieb (Tel. 04 31/3 83 20 15).

Die Trendsportart Nordic Walking wird u. a. im Nordic Fitness Park in Glücksburg (s. S. 51) groß geschrieben. Stöcke können ausgeliehen werden.

Wasserwandern

An allen größeren Seen und Flüssen Schleswig-Holsteins gibt es Bootsverleiher. Man kann sich etwa mit einem Kanu, Kajak oder Ruderboot auf die Schwentine wagen, zu der wunderschönen Fahrt von Eutin durch die Seen der Holsteinischen Schweiz bis fast zur Mündung in der Kieler Förde. Anhand einer detaillierten Karte werden schwierige Punkte vorher mit dem Verleiher besprochen. Eine weitere schöne Tour geht auf der Schlei entlang von Schleswig über Kappeln nach Schleimünde (s. Tour 2, S. 110f.).

Kleidung zum Wechseln sollte stets im Gepäck sein, wenn es nicht gerade so heiß ist, dass jede Abkühlung erfrischt. Wissenswertes über das Wasserwandern sowie eine kurze Beschreibung der Wasserwege enthält die Broschüre ›Kanu, Kajaks, Kilometer – Wasserwege in Schleswig-Holstein‹ (kostenlos zu bestellen unter: Tel. 0 18 05/60 06 04).

Auskunft

Allgemeine Informationen

Tourismus-Agentur Schleswig-Holstein GmbH
Walkerdamm 17
24103 Kiel
Tel. 0 18 05/60 06 04 (Hotline)
Fax 0 18 05/60 06 44 (Infofax)
www.sh-tourismus.de

Ostseebäderverband Schleswig-Holstein e.V.
Strandallee 75 a
23669 Timmendorfer Strand
Tel. 0 18 05/70 07 08
Fax 0 18 05/70 07 09
www.ostsee-schleswig-holstein.de

Holsteinische Schweiz Tourismus e.V.
Bahnhofstr. 4a
23714 Bad Malente-Gremsmühlen
Tel. 0 45 23/20 01 00
Fax 0 45 23/ 2 00 10 22,
www.holsteinischeschweiz.de

Heilbäderverband Schleswig-Holstein e. V.
Düsternbrooker Weg 77 a
24105 Kiel
Tel. 0 4 31/2 10 88 38
Fax 04 31/2 10 88 39
www.heilbaederverband-sh.de

Redderhus-Informationszentrum für Tourismus, Umwelt und Natur
(für die Naturparks Hüttener Berge und Westensee)
Hauptstr. 2
24361 Holzbunge
Tel. 0 43 56/98 61 07
Fax 0 43 56/98 61 09
www.redderhus.de

Informationsstellen

Fast jeder Ort besitzt Info-Büros oder ist in einer größeren Gemeinschaft eingebunden (Adressen s. Orte A–Z, S. 38ff.). Sie haben meist ganzjährig Mo–Fr geöffnet, in der Saison oft auch an den Wochenenden.

Anreise

Mit dem Flugzeug

Der nächste internationale Flughafen ist Hamburg. Von dort fährt ein Bus in etwa einer Stunde über Neumünster nach Kiel. Auf dem **Kieler Flughafen** (Tel. 04 31/32 91 90, www.flughafen-kiel.de) landen Maschinen aus Köln/Bonn mit European Air Express (EAE, Tel. 018 05/87 83 23, www.eae.aero) und Frankfurt/Main (Cimber Air, Tel. 04 31/32 36 56). Daneben gibt es zwei kleine Charterflugplätze: den **Flughafen Lübeck,** Tel. 04 51/58 30 10, www.flughafen-luebeck.de, und den **Flughafen Schäferhaus bei Flensburg,** Tel. 04 61/9 17 00.

Mit der Bahn

Alle größeren Städte an der Ostseeküste sind mit der Deutschen Bahn (ICE, IC, EC) erreichbar. Mittlere und kleinere Orte sind an die Regionalbahn oder das dichte Busnetz angeschlossen. Eine kostenlose Fahrplanauskunft erhalten Sie unter 08001/50 70 90.

Mit dem Auto

Wer **von Süden und Westen** anreist, muss den Engpass Elbtunnel bei Hamburg passieren, an dem man immer mit Staus rechnen sollte. Von dort verläuft die A 7 über Neumünster, Rendsburg und Schleswig bis nach Flensburg.

Am Autobahndreieck Bordesholm zweigt die A 215 und am Kreuz Rendsburg die A 210 nach **Kiel** ab und damit auch in den **Dänischen Wohld** und die **Probstei. Lübeck** erreicht man von Hamburg aus über die A 1, die an der Lübecker Bucht entlang über Neustadt bis Oldenburg führt (Vogelfluglinie E 47) und von dort über die B 207 bis nach **Fehmarn.** In die **Holsteinische Schweiz** und nach **Ostholstein** gelangt man von Lübeck aus über die A 1 und die B 76 bis Eutin oder über die A 7, Abzweig Neumünster, auf der B 430 bis Plön.

Von Osten führt die Ostsee-Autobahn A 20 über Rostock und Wismar bis kurz vor Lübeck/Groß Grönau, mit späterem Anschluss an die A 1.

Mit der Fähre

Die skandinavischen Länder und Litauen sind mit der schleswig-holsteinischen Ostseeküste durch einen regelmäßigen Fährverkehr verbunden:

Von Oslo/Norwegen **nach Kiel** (Norwegenkai) fährt die Color Line, Tel. 04 31/7 30 03 00, Fax 04 31/7 30 04 00; von Göteborg/Schweden nach Kiel (Schwedenkai) mit Stena Line, Tel. 04 31/90 99, Fax 04 31/90 92 00; von Klaipeda/Litauen (Ostuferhafen) mit LISCO Baltic Service GmbH, Tel. 04 31/ 20 97 64 44, Fax 04 31/20 97 65 55. Informationen über Verbindungen **von Kiel** aus gibt es im Internet unter www.port-of-kiel.de.

Von Trelleborg/Schweden **nach Travemünde** (Skandinavienkai) fährt die TT-Line, Tel. 0 45 02/8 01 81, Sa auch nach Helsingborg; von Malmö/Schweden nach Travemünde (Skandinavienkai) mit Skandinavien Link GmbH, Tel. 0 45 02/8 05 11; von Helsinki/Finnland nach Travemünde (Skandinavienkai) mit Finnlines Tel. 04 51/1 50 74 43 oder **Lübeck** (Nordlandkai), Tel. 04 51/40 00 50.

Von Rødby/Dänemark **nach Puttgarden/Fehmarn** fährt Scandlines, Tel. 0 43 71/86 51 61.

Geld

Mit der ec/Maestro-Karte und der Geheimnummer erhält man selbst in kleineren Orten problemlos Bargeld an den Geldautomaten. Auch Geschäfte akzeptieren fast überall ec/Maestro-Karten. Hotels und Restaurants verlangen dagegen meist eine gängige Kreditkarte oder Bargeld.

Notfall

Polizei: Tel. 110
Feuerwehr und Rettungsdienst:
Tel. 112
Giftnotrufzentrale:
Tel. 05 51/1 92 40
ADAC-Pannendienst:
Tel. 01 80/22 22 22

Diplomatische Vertretungen

Österreich:
Stauffenbergstr. 1
10785 Berlin (Tiergarten)
Tel. 0 30/20 28 70
Fax 0 30/2 29 05 69
berlin-ob@bmaa.gv.at
Schweiz:
Fürst-Bismarck-Str. 4
10557 Berlin (Tiergarten)
Tel. 0 30/3 90 40 00
Fax 0 30/3 91 10 30
vertretung@ber.rep.admin.ch

Telefonieren

Telefonzellen findet man in fast jedem Ort, allerdings meist Kartentelefone. Telefonkarten gibt es in Postfilialen, Zeitungsgeschäften, Souvenirläden oder Kaufhäusern. Das **Mobilfunknetz** ist flächendeckend.

Vorwahl Österreich: Tel. 00 43
Vorwahl Schweiz: Tel. 00 41
Vorwahl Deutschland: Tel. 00 49

Öffnungszeiten

Geschäfte: Es gelten die gleichen Ladenöffnungszeiten wie in anderen Bundesländern: In größeren Städten sind die Geschäfte von Mo–Sa 9/9.30–19/20 Uhr geöffnet, in kleineren Orten meist bis 18 Uhr. Kur- und Badeorte haben dank der Bäderverordnung zwischen März und Oktober eine Sonderregelungen: Mo–Fr bis 21, Sa/So bis 18 Uhr.
Post: Mo–Fr 8–12 und 14–18 Uhr, kleinere Filialen in Supermärkten oder Kaufhäusern sind bis 19/20 Uhr besetzt.
Restaurants: Viele Restaurants haben warmes Essen nur zur Mittagszeit (11.30–14 Uhr) und nach einer Pause wieder ab 17.30/18 Uhr, wenn sie nicht auch Kaffee und Kuchen anbieten.
Museen: Die Museen haben nahezu alle montags geschlossen. Viele kleinere haben auch nur Saisonbetrieb. Die üblichen Öffnungszeiten sind Di–Fr 10–17 Uhr, Sa/So 11–17 Uhr.
Kirchen: Viele Kirchen haben ihre Türen tagsüber geöffnet. Davon abweichende Öffnungszeiten sind im Reiseteil angegeben.

Gesundheit

Fast in jedem Ort findet man Apotheken, die sich im Turnus mit anderen Apotheken auch den Nacht- und Wochenenddienst teilen. Die Arzt- und Zahnarzt-Auskunft der Stiftung Gesundheit hilft bei der Suche nach Ärzten, Zahnärzten und Kliniken anhand von besonderen Schwerpunkten (Mo–Fr, Tel. 0800/7 39 00 39). Eine Pollenflugvorhersage erhält man unter Tel. 0190/11 54 80. In Schleswig-Holstein besteht bisher keine Gefahr, durch einen Zeckenbiss mit dem Erreger der Frühsommer-Hirnhautentzündung (FSME) infiziert zu werden.

Behinderte

In den Touristbüros von Kiel und Lübeck erhält man einen Stadtplan, in dem behindertengerechte Telefonzellen, Parkplätze, Toiletten etc. verzeichnet sind. Mehrere Strände bieten inzwischen Rollstühle mit Sandrädern für den Strand an, die kostenlos oder gegen eine geringe Gebühr ausgeliehen werden, Auskünfte erteilen die jeweiligen Tourist Informationen. In den Gastgeberverzeichnissen sind behindertengerechte Unterkünfte besonders gekennzeichnet, Infos über rollstuhlgerechte Unterkünfte gibt es auch unter www.rollstuhl-urlaub.de/schlesw.htm.

Unterwegs an der Küste

Mit dem Auto

Für Kurztrips während des Urlaubs und spontane Ausflugsfahrten ist es am praktischsten, mit dem Auto anzureisen. Allerdings muss man während der Saison mit Staus und Behinderungen rechnen, zumindest an Wochenenden, wenn die Ausflügler von den Städten an die Strände fahren. Die beste Kombination ist Auto und Fahrrad.

Mit der Bahn

Von Lübeck fährt die Regionalbahn im Stundentakt über Timmendorfer Strand, Scharbeutz, Neustadt und Oldenburg nach Puttgarden. Auch die Orte der Holsteinischen Schweiz sind mit Lübeck und Kiel verbunden. Am Wochenende können bis zu fünf Personen für 28 € einen Tag lang mit Regionalbahnen kreuz und quer durchs Land fahren. Informationen erteilt der Reise-Service der Deutschen Bahn unter Tel. 1 18 61.

Mit dem Bus

Nahezu alle Orte an der schleswig-holsteinischen Ostseeküste sind mit dem Linienbus zu erreichen. Will man zur Besichtigung in einen größeren Ort oder einen Tag zum Baden an den Strand, lohnt es sich meist, das Auto stehen zu lassen. Man muss jedoch vorher unbedingt die Rückfahrtzeit beachten, da einige Busse nur 3 bis 4 mal am Tag fahren. Auskünfte erteilt die Autokraft (Tel. 018 03/1 21 99 99, www.autokraft.de). Der in der Hochsaison eingesetzte Bäderbus (www.baederbus.de) verbindet Hamburg und Lübeck mit den Orten an der Ostküste, von Sierksdorf über Dahme, Grube und Oldenburg bis zum Schloss Weißenhaus.

Mit dem Fahrrad

Die Deutsche Bundesbahn bietet die Fahrradmitnahme kostenlos an, allerdings nicht in der Zeit von 6–9 und von 16–18 Uhr. Da der Stauraum begrenzt ist, sollten Gruppenreisende auf das Fahrradsymbol in den Fahrplänen achten, das Züge mit Gepäckwagen ausweist. Auch in vielen Bussen kann man das Fahrrad mitnehmen, jedoch hat ein Bus maximal zwei Stellplätze, Rollstühle sowie Kinderwagen haben in jedem Fall Vorrang.

Wer sein Fahrrad nicht mitnehmen möchte, findet überall Fahrradverleihe, die auch Kinderräder, -sitze oder -helme anbieten. In Radwanderführern oder -karten findet man Routenvorschläge. Für Radwanderer gibt es auch Pauschalangebote.

Mit dem Leihwagen

In den Städten und allen größeren Orten gibt es zahlreiche Autoverleiher. In Badeorten und im Binnenland wendet man sich am besten an die Tourist Informationen, die meist lokale Anbieter empfehlen können.

Mit dem Schiff

Die **Fördefähren** (z. B. Schlepp- und Fährgesellschaft Kiel mbH, Tel. 04 31/ 5 94 12 63) kreuzen die Förde und legen zu beiden Seiten an (Erw. 8 €, Kinder 4 €). Es sind reine Personenfähren, die aber die Fahrradmitnahme gestatten. Die **Schlei-Fähren,** die an mehreren Stellen über den Fluss setzen, können auch von Pkws genutzt werden, ebenso wie die Fähre von Travemünde zum Ortsteil Priwall.

Rundfahrten

Auf einer der zahlreichen Ausflugsfahrten, die von den Seebrücken starten, kann man das Land wunderbar vom Wasser aus kennen lernen. Nähere Infos zu Abfahrtsorten und Routen finden sich im A–Z-Teil, S. 38ff.

Orte vo

Die schleswig-holsteinische Ostseeküste reizt durch die Vielfalt und Unterschiedlichkeit der Orte am Meer und im Binnenland. Neben den interessanten und in jeder Hinsicht aktiven Küstenstädten locken viele der Osteebäder und kleinen Dörfer mit ungewöhnlichen, teils verborgenen Sehenswürdigkeiten, mit einer wechselvollen, prägenden Geschichte und gemütlichen Plätzen, wie etwa

n A bis Z

den idyllischen Fischerhäfen, urtümlichen Hofcafés und der teils naturbelassenen Umgebung. Dieser Führer entlang der Ostseeküste Schleswig-Holsteins inklusive der Insel Fehmarn gibt Ihnen nützliche Tipps und ausgesuchte Adressen an die Hand, damit Ihr Urlaub zum Erlebnis wird! Und dem, der Besonderes sehen möchte, dem seien die fünf Extra-Touren empfohlen.

Dahme (J 5)

Schon im 19. Jh. entwickelte sich der Ort (1200 Ew.) dank seiner idealen Lage hinter dem Deich zum Ostseeheil- und Familienbad mit Kurmittelhaus. Inzwischen spielt sich fast alles am 6,5 km langen, feinsandigen Strand und der neu gestalteten Promenade mit Geschäften, Cafés und urigen Kneipen ab. Sport und Fitness werden groß geschrieben und viele Attraktionen starten am Strand. Dank des Einsatzes für die Erhaltung und Pflege der Fledermäuse wurde Dahme als ›Fledermausfreundlicher Ort‹ ausgezeichnet. Besucher werden bei Interesse zu den Beobachtungsplätzen geführt.

Im Mittelalter war Dahme Sitz Ostholsteiner Grafen und fiel 1460 an das Kloster Cismar (s. S. 65). Erst im 18. Jh. wurde der letzte Hof an die inzwischen freien Bauern verteilt.

Sehenswert

Leuchtturm von Dahmeshöved: Spätnachmittags, wenn das 28 m hohe, backsteinrote Gebäude in ein wunderbares Licht getaucht wird, ist es ein beliebtes Fotomotiv (s. Tour 1, S. 109).

Sport & Strände

Am Dahmer Strand gibt es Surfkurse für die ganze Familie sowie Aerobic, Basketball und vielerlei Aktivitäten für Kinder.

Meerwasserhallenbad: nördl. Strandpromenade, meist 10–18 Uhr. Großes Außenbecken.

Im **Fun-Park** direkt am Strand können sich Inline-Fans auf Halfpipe und Rampen austoben.

Einkaufen

Die **Strandpromenade** mit Restaurants und Boutiquen lädt zum Flanieren und Einkaufen ein.

Feste & Unterhaltung

Unter den vielen Veranstaltungen sind drei hervorzuheben: **Dahmer Oldietage** (Pfingsten), **Internationales Shantychor-Treffen** (Mitte Juni) und die **Dahme Trophy** mit internationalen Radsportprofis (Mitte Juli).

Kurbetrieb Dahme: Strandpromenade, 23747 Dahme, Tel. 0 43 64/4 92 00, Fax 0 43 64/49 20 28, www.dahme.com.

Seehotel garni: Denkmalplatz 5, Tel. 0 43 64/ 47 00 90, Fax 0 43 64/4 70 09 25, Seehotel-dahme@t-online.de.
Terrasse und Garten, ruhig am Kurpark. DZ 50–85 €.

Hotel Matinee:
Haakestr. 6, Tel. 0 43 64/4 97 70, Fax 0 43 64/49 77 98, www.Hotel-Matinee.de.
Zentral, familiär geführt, Sauna und Schwimmbad. DZ 98–120 €.

Eurocamping Zedano:
Tel. 0 43 64/3 66, Fax 0 43 64/83 59, www.zedano.de.
First-Class-Camping mit eigener Nasszelle am Stellplatz, Mietwohnwagen und Mobilheime.

Café-Restaurant Blöser: Strandpromenade 22, Tel. 0 43 64/4 80 20.
Eigene Konditorei, mit überdachter Terrasse. Gerichte 9–20 €.

Saft & Meehr:
Strandpromenade 19, Tel. 0 43 64/47 15 75.
Gemütliche Plätze an der Promenade, verschiedene Kaffeesorten, frisch gepresste Säfte, Salate, Toasts etc.

Mit der **Bahn** nach Oldenburg oder Neustadt, von dort mit

Bussen. Im Sommer auch mit dem Bäderbus von Lübeck.

Ziele in der Umgebung

Grube (J 5): Das **Dorfmuseum** bringt im Juli/Aug. Kindern in Aktionen wie ›Waschtag mit altem Waschbrett‹ das Leben ihrer Groß- und Urgroßeltern nahe. Dem Storch auf einem Nachbarhaus schaut man via Videokamera in die Kinderstube (Hauptstr. 18, Mai–Sept. Mi u. Fr 16–18 Uhr; s. a. Tour 5, S. 117).

Auf dem **Flugplatz** werden an Wochenenden und während der Ferien Rundflüge, Segelflüge, Lufttaxi, Charterflüge und Flugschule angeboten (Tel. 0 43 65/3 99 u. 0 43 65/3 59).

Damp, Gut und Ostseebad (D/E 3)

Gut Damp und die Hofanlage aus der Renaissance sind äußerst sehenswert. In der ehemaligen Kuhscheune befindet sich heute ein gemütliches Feinschmecker-Restaurant (s. Tour 4, S. 115).

Das am Ostseestrand erbaute Freizeitdorf gleichen Namens bietet neben Sportanlagen (u. a. Indoor-Kletterwand), einem Yachthafen mit 400 Liegeplätzen und vielen Restaurants ein großes Rehabilitationszentrum (Orthopädie, Innere Medizin und Neurologie). Baden kann man am 3 km langen Sandstrand, im Vital Centrum mit Sauna, Fitness- und Wellnessbereich sowie im Badeparadies Aqua Tropicana mit 70 m langer Rutsche.

Sport & Strände

Aqua Tropicana: Tel. 0 43 52/ 80 85 80, im Sommer 10–21, im Winter 11–19 Uhr.
Vital-Centrum: Mo–Do 12–21, Fr–So 10–22 Uhr.
Fitness und Beauty Farm, mit Sauna und Schwimmbad
Fun & Sport Center: Tel. 0 43 52/ 80 70 00, tgl. 10–20 Uhr.
Tauchfahrt: Mit der ›Bubblewatcher‹ Wracktauchen, Infos unter Tel. 0 43 55/ 98 97 37, ww.bubblewatcher.de.

Einkaufen

Antiquitäten: im Torhaus des Gutshofs, Tel. 0 43 52/22 03, Di–So 14–18 Uhr.

Damp Touristik GmbH: Postfach 1000, 24349 Damp, Tel. 0 43 52/8 06 66, Fax 0 43 52/ 80 89 21, www.damp.de.

Ostseehotel Damp: im Freizeitdorf, Tel. 0 43 52/80 80 69.
Zwei Häuser, Blick aufs Meer. DZ 120–146 €.
Campingplatz Dorotheenthal: Tel. 0 43 52/51 21, Fax 0 43 52/ 56 03.
Ruhig, an der Ostsee, behindertengerechte Dusche/WC, Reiterhof in 500 m Entfernung.

Café-Restaurant Kuhhaus: Gut Damp, Tel. 0 43 52/15 15, Mi–Sa ab 15, So ab 12 Uhr, Okt.–März auch Mi geschl.
Sehr feine Küche, ungewöhnliches Ambiente, nur So Mittagstisch. Gerichte 16–21 €. Mi–Sa um 18.30 Uhr fährt ein Shuttle vom Ostseehotel (s. o.) zum Restaurant.
Hofcafé Schau: Tel. 0 43 52/54 31, Do Ruhetag.
Rustikal, gemütliche Terrasse, hausgemachte Torten, Bernstein-Verkauf.

Mit der **Bahn** nach Eckernförde, von dort mit dem **Bus.**

Eckernförde (D 3/4)

Das freundliche Ostseebad (23 300 Ew.) hat auf engem Raum viel zu bieten: die Altstadt mit Kopfsteingassen, stilvollen Häuserfassaden und der Fußgängerzone, den Hafen als Herzstück der Stadt und den langen Sandstrand. In der spazierfreundlichen Kuranlage am Hafen stehen mehrere Denkmäler zur Erinnerung an die Seeschlacht von Eckernförde gegen die Dänen. Der Name der Stadt geht auf das dänische Wort für ›Eichhörnchenfurt‹ zurück. Der Sage zufolge konnten die Tiere einst von Eckernförde bis Kiel über die Bäume des Dänischen Wohldes gelangen, ohne den Boden zu berühren.

Im späten Mittelalter lebten die Eckernförder nicht nur von der Schifffahrt, sondern auch vom Brauen des ›Kakabelle‹-Bieres. Den halblateinischen Namen *cacabella* erhielt das Getränk 1503 von Kardinal Reymundus, der sich nach reichlichem Genuss der verdauungsfördernden Wirkung des Gebräus ausgesetzt sah. Noch heute wird eine Nachfüllung des Bieres zu besonderen Gelegenheiten ausgeschenkt, und selbst eine Straße trägt den Namen Kakabellenweg.

Sehenswert

Altstadt: In den romantischen Altstadtgassen gibt es neben den charakteristischen norddeutschen Bürger- und Fischerhäusern noch mehrere Gebäude aus dem 18. Jh. zu bewundern wie **Ottes Speicher** in der Langebrückstraße oder die hübsch verputzten **Zwillingshäuser** Ecke Kieler Straße/Langebrückstraße.

Altes Rathaus: Rathausmarkt 8,
Di–Sa 10–12.30, 14.30–17,
So 11–17 Uhr, Nov.–April Di–Sa
14.30–17, So 11–17 Uhr.

Der Bau mit eindrucksvoller Freitreppe wurde um 1420 vermutlich als Zeughaus errichtet. Das heutige **Heimatmuseum** zeigt die Geschichte der Räucherei, Fischerei und Elektrotechnik. Den Rathausplatz halten die unterschiedlichsten Geschäfte, Wochen- und Flohmärkte sowie Konzerte stets lebendig.

St.-Nicolai-Kirche: Modelle im Innern zeigen die Baugeschichte der Backstein-Hallenkirche aus dem 15. Jh. Zu den Besonderheiten gehören der eicherne Altaraufsatz von Hans Gudewerdt d. J. (1640), die zarten Fresken im Chorgewölbe sowie das Gestühl der Familie Rantzau aus dem 16. Jh. (in der Saison regelmäßig Konzerte, Informationen im Kirchenbüro Langebrückstr. 13, Mo–Do 10–16, So 10–12 Uhr).

Hafen: Der neoromanische Speicher von Wilhelm Siemsen (1887), das eigenwillige Getreidesilo von Heinrich Hansen (1930/31) sowie die filigrane Klapp-Holzbrücke, die zum Stadtteil Borby führt, bilden die Kulisse des lebendigen Fischerhafens. Der alte Leuchtturm am anderen Ende des Kais begrüßt einlaufende Schiffe mit den Farben Eckernfördes (blau-gelb).

Im Stadtteil Borby erhebt sich die romanische **Feldsteinkirche**, unter deren Holzdecke der Altaraufbau und die Kanzel aus dem 17. Jh. gut zur Geltung kommen. Ungewöhnlich ist das fast 800 Jahre alte Kalkstein-Taufbecken mit Reliefszenen aus dem Leben Jesu.

Führungen & Fahrten

Stadtführungen: in der Saison regelmäßig zu Fuß, mit dem Bus oder Rad. Führungen auch in die Räucherei. Auskunft erteilt die Tourist-Information.

Ostseekreuzfahrten: B/S Schifffahrtsgesellschaft, Jungmannufer 7, Tel. 0 43 51/8 15 37, Fax 0 43 51/ 8 66 60.

Sport & Strände

Am feinsandigen Strand können Kinder im seichten Wasser plantschen. Größere üben sich im Segeln, Surfen, Tret- oder Bananenbootfahren.

Meerwasserwellenbad:
Preußerstr. 1, Mo–Fr meist 6–21, Sa/So 9–18 Uhr.

Wassersport Center:
Strandpavillon am Südstrand (B 76), Tel. 01 72/1 70 43 02.
Windsurfen, Katamaran-Segeln, Kiten.

Wandern: In Borby beginnt eine 10 km lange Wanderung rund um das Noor.

Hochseeangeln:
mit der MS ›Simone R.‹, Tel. 0 43 52/21 87, tgl. 7–17 Uhr im Hafen, in der Nebensaison nach Vereinbarung, 25 €.

Eckernförde: Blick auf den Stadtteil Borby

Einkaufen

Die Geschäfte der Fußgängerzone sind April–Okt. auch sonntags geöffnet.

St.-Nicolai-Straße: Kleine Geschäfte in alten Fachwerkhäusern.

Wochenmarkt: Mittwochs und samstags auf dem Rathausplatz.

Fischmarkt: Am 1. So des Monats 9–18 Uhr. Außerdem tgl. bis ca. 11 Uhr frischer Fisch von Bord der Fischkutter.

Galerie Nemo: Bootshaus am Südstrand, Tel. 0 43 51/71 25 00, Mo–Fr 15–18, Do 15–20 Uhr. Galerie und Kupferdruckwerkstatt sowie Artothek (Bilderausleihe).

Ausgehen

Discoland K7:
Kolm 7, Mi, Fr/Sa ab 21 Uhr. Karibik-Pool, Zeltfeste.

Feste & Unterhaltung

Aalregatta (3. Wochenende im Juni): Auftaktregatta der Kieler Woche von Kiel nach Eckernförde, auch Traditionssegler. Ihren Namen erhielt die Regatta nach dem Räucherfisch, den jeder Teilnehmer als Dankeschön bekommt.
Piratentage (3. Aug.-Wochenende): S. S. 20.
Classics: Alle zwei Jahre im September (2006, 2008). locken Oldtimer zu Wasser, zu Lande und in der Luft, Krönung ist die ›Prinz-Heinrich-Fahrt‹ nach Rendsburg und zum Gut Hemmelmark.

Kinder

Umweltinformationszentrum:
Hans-Christian-Andersen-Weg, Mo–Fr 8–16 Uhr.
In der Saison regelmäßig Veranstaltungen, u. a. im Färbergarten.
OstseeInfoZentrum: Schiffbrücke 20, April–Okt. 10–13, 14–17 Uhr, Nov.– März 14–17, Sa/So 10–17 Uhr. Aquarien, Fühlbecken und Modell der Ostseeküste, viele Aktionen zum Mitmachen (z. B. Bernsteinschleifen).

Touristik GmbH: Am Exer 1, 24340 Eckernförde, Tel. 0 43 51/7 17 90, Fax 0 43 51/ 62 82, www.ostseebad-eckernfoerde.de.

Jugendherberge: Sehestedter Str. 27, Tel. 0 43 51/21 54, Fax 0 43 51/36 04, Bett 14,80–17,50 €.
Hotel Alte Fischereischule: Sehestedter Str. 77, Tel. 0 43 51/ 7 16 60, Fax 0 43 51/71 66 20, www.hotel-alte-fischereischule.de. Blick auf die Bucht, behindertengerecht, Sauna. DZ 80–108 €.
Hotel-Restaurant Zum Seepferdchen: Fischerstr. 33, Tel. 0 43 51/ 7 27 40, Fax 0 43 51/72 74 38. Am Hafen, kleines, nettes Hotel, zentral. DZ 70 €.
Hotel-Café Siegfried-Werft: Vogelsang 12, Tel. 0 43 51/7 57 70, Fax 0 43 51/75 77 77. Am Fischereihafen, Terrasse an der Förde. DZ 70–90 €.
Stadthotel Eckernförde: Am Exer 3, Tel. 0 43 51/7 27 80, Fax 0 43 51/7 27 81 78, www.stadthotel-eckernfoerde.de. Zentral am Strand. DZ 100–180 €.

Domkrug: Kieler Str. 4, Tel. 0 43 51/28 61, Jan. geschl. Wildspezialitäten, plattdeutsche Lese- und Gourmetabende. Gerichte 11–20 €.
Alte Post: Kieler Str. 57, Tel. 0 43 51/76 74 30. Mediterrane Küche, entsprechendes Ambiente, hausgemachtes Tiramisu. Gerichte 9–17 €.
Eckernförder Fischdeel: Kattsund 22, Tel. 0 43 51/56 51, Mi Ruhetag. Fischspezialitäten in rustikaler Atmosphäre. Gerichte 6–18 €.
Rehbehn & Kruse: Jungfernstieg 19. Fischbrötchen auf die Hand und Mittagstisch.
Kaffeehaus Heldt: St.-Nicolai-Str. 1, Tel. 0 43 51/27 31. Leckerer Kuchen, gemütliche Atmosphäre.
Café im Gut Windeby: s. S. 115.

Löscheimer & Co

Ein kleiner Abstecher von Krusendorf ins Binnenland führt an die Landstraße nach Birkenmoor-Sprenge. Hier hat Oswald Wohlfahrt alles zusammengetragen, was seit 240 Jahren verwendet wird, um Feuersbrünste zu löschen. Ausgestellt sind u. a. ungewöhnliche Feuerwehrfahrzeuge wie Handpumpenkutschen aus dem 19. Jh., historische Uniformen, Löscheimer und Hydranten (Osdorfer Landstr. 23, Mai–Sept. Mi, Sa/So 9–17 Uhr).

Mit der **Regionalbahn** von Kiel und Flensburg aus zu erreichen.

Ziele in der Umgebung

Karlsminde (D 3): Eines der 300 erhaltenen – von einstmals 5000 – Hünengräber aus der Megalithzeit (um 2500 v. Chr.). Über 100 bis zu 2,5 t schwere Findlinge umfassen das fast 60 m lange und 5,50 m breite Langbett. Daher glaubten die Menschen, dass nur Riesen (Hünen) diese Brocken als Decksteine auf die Gräber hieven konnten.

Gut Ludwigsburg (D 3):
S. Tour 4, S. 114f.

Gut Altenhof (D 4): nach tel. Vereinbarung Mai–Sept., Tel. 04 35 19/ 4 14 28.
Das mächtige Herrenhaus (1410 erwähnt, bis 1728 von Cay Friedrich Reventlow fertig gestellt) besitzt neben dem sehenswerten Mobiliar eine Sammlung von Porträts der Reventlows und fast aller dänischen Könige vom Ende des 17. bis ins 19. Jh. Im Kuhhaus finden Konzerte des Schleswig-Holstein Musik Festivals statt. Der Golfplatz zählt zu den schönsten des Landes (18-Loch-Platz, www.gcaltenhof.de, Tel. 0 43 51/4 12 27).

Schwedeneck (E 3/4): In der beliebten Ferienregion mit den Gemeinden Krusen- und Surendorf, Dänisch-Nienhof, Hohenhain, Stohl, Sprenge und Birkenmoor kann man entlang der Küste baden oder auf Wanderwegen spazieren.

TierPark Gettorf (D 4):
Gettorf, Süderstr. 33, Tel. 0 43 46/ 4 16 00, www.tierparkgettorf.de, tgl. 9–18, im Winter 10 Uhr bis zur Dunkelheit.
Ein Affenvolk, Vögel, Zebras, Tapire, Alpakas, ungewöhnliche Scheckesel und die einmaligen Vierhorn-Ziegen warten auf die Besucher. Streichelzoo, Restaurant und Café runden das Angebot ab.

Naturpark Hüttener Berge (C 4): In der waldreichen Hügellandschaft mit den zahlreichen Seen lässt sich wunderbar wandern: zum kleinen, verwunschenden Rammsee am Fuß von Heid- und Arnsberg, auf den 106 m hohen Scheelsberg oder den unbewaldeten Gipfel des Aschberg mit der herrlichen Aussicht neben der 7 m hohen Bronzefigur von Bismarck. Dort beginnt auch ein Waldlehrpfad, und der Europäische Fernwanderweg E 1 von Flensburg nach Genua führt vorbei.

Wittensee (C/D 4): Der größte See im Naturpark ist sommers (Baden, Segeln, Surfen) wie winters (Eissegeln) ein viel besuchtes Ausflugsziel. Sein Fischreichtum zieht Angler an (Tagesangelkarten bei den Seepächtern, z. B. A. Benning, Tel. 0 43 56/3 27 oder den Gemeinden), Wanderern wird auf dem Rundweg viel Natur und lauschige Plätze geboten. In Groß Wittensee steht das Atelier des verstorbenen Malers Carl Lambertz und heutige Wirkstätte seiner Frau Maria Reese (Habyer Str. 15, Tel. 0 43 56/4 10, Do–Sa 15–18 Uhr).

Highlight 1

Fehmarn (J/K 3/4)

Erholung für die ganze Familie bietet Schleswig-Holsteins einzige Ostseeinsel, eine der sonnenreichsten und regenärmsten Regionen Deutschlands. Sie ist eine Bauerninsel geblieben, die großenteils landwirtschaftlich genutzt wird. Ferien auf dem Bauernhof wird groß geschrieben, und Strände gibt es in allen vier Himmelsrichtungen. Da die nur 185 km² große Insel flach wie ein Pfannkuchen ist, können auch weniger Geübte Fehmarn bequem mit dem Fahrrad erkunden.

Jahrhundertelange Abgeschiedenheit ließ auf dem ›sechsten Kontinent‹ eine besondere Lebensweise entstehen. Um 400 n. Chr. besiedelten die Wagrier die Insel, die inmitten der Ost-West-Passage durch die Ostsee ein ideales Versteck für Piraten war. Im Zuge der Christianisierung übernahmen Dänen und Holsteiner die Herrschaft. In der Folgezeit bekämpften sich jedoch die beiden Völker, bis der Dänenkönig Erich der Pommer Fehmarn 1420 einnahm und einen Großteil der Einheimischen tötete. Im 19. Jh. klärten sich die Machtverhältnisse zugunsten der Deutschen.

Über die 1963 gebaute Fehmarnsundbrücke gelangt man nach Stadt Fehmarn mit dem größten Ort **Burg** (6300 Ew.), eines der schönsten Städtchen im Norden, mit Fachwerkhäusern, Kopfsteingassen und der von knorrigen Bäumen gesäumten Hauptstraße. Filigranes Fachwerk sowie Erker und Türmchen schmücken das Rathaus von 1900/01 auf dem Markplatz. Ebenso malerisch sind die Häuser Nr. 49–53 der Breiten Straße aus dem 16./17. Jh.

Sehenswert

In Burg:
Heimatmuseum ›Peter Wiepert‹: Breite Str. 49, Ostern und Juni–Okt. Di–So 11–16 Uhr.
Die Sammlung des Heimatforschers Wiepert dokumentiert die alten Bräuche der Insel.

St.-Nikolai-Kirche: Das Gotteshaus aus dem 13. Jh. wurde im 15./16. Jh. vergrößert. Ungewöhnlich sind der Schnitzaltar mit Reliefs von Passions- und Osterszenen aus dem späten 14. Jh., der kleine St.-Blasius-Flügelaltar (um 1480) und die spätgotische Figur der Madonna auf der Mondsichel.

Ernst-Ludwig-Kirchner-Dokumentation: Bahnhofstr. 47, Mo–Fr 9.30–12.30, 14.30–18 Uhr, Mi nachmittags geschl.
Das obere Stockwerk der Stadtbücherei ist dem Maler gewidmet, der die Sommer zwischen 1908 und 1914 auf Fehmarn verbrachte. Anhand einer Karte kann man noch heute die meisten seiner Inselansichten aufspüren.

Meereszentrum Fehmarn: Gertrudenthaler Str. 12, Nov.–März 10–18, April–Okt. 10–19 Uhr, Erw. 7 €, Kinder 4 €.
Neben 40 Aquarien erlaubt der Haitank mit 10 m langem Unterwasserglastunnel eine faszinierende Rundumbeobachtung der Meeresräuber.

Hafen Burkstaaken: ›Burkstaaken‹ leitet sich von dem ›Staaken‹ (Stockhaus, Gefängnis) ab, das noch um 1770 dort stand. Heute herrscht am Fischereihafen reges Treiben. Die Ausflugsboote legen zur Rundfahrt oder zur Hochseetour ab, und um 11 und 15 Uhr gibt es fangfrischen Fisch.

Ruine der Burg Glambek: Die Reste der Burg König Waldemars (1210) wurden bei einer Sturmflut 1872 freigespült und 1908 systematisch freigelegt.

Knorrige Bäume säumen die Hauptstraße von Burg auf Fehmarn

Den dänischen Vogtsitz, späteren Sitz der Amtmänner und sogar Piratennest, ließ Wallenstein im Dreißigjährigen Krieg zerstören.

Im Insel-Umland:
Katharinenhof-Museum:
tgl. 11–17 Uhr, Café ab 14 Uhr. Sammlung von mechanischem Spielzeug, Musikspielgeräten u. v. m. Im Backhaus und der 480 Jahre alten Rauchkate gibt es Steinofenbrot und Katenschinken zu kaufen. Historische Schmiede, Schreinerei und Buchdruckerei sind in den Stallungen untergebracht.
Landkirchen: Die reich ausgestattete St.-Petri-Kirche (13. Jh.) macht ihrem Beinamen – ›die Feinste‹ – alle Ehre. Sehenswert sind das Gestühl der Mackeprang-Witteschen Vetternschaft von 1580, die gotische Marienleuchte (14./15. Jh.) und etwa 50 Betschemel des 16.–18.Jh., die mit Hausmarken (Ritzzeichen als Signum) versehen sind. Im Landesblock, einer Eichentruhe, wurden Dokumente des Landrechts von Fehmarn seit 1326 aufbewahrt. Gegenüber der Kirche im Aalhus isst man im gemütlichen Ambiente gute Fischgerichte (Tel. 0 43 71/91 99, 14–23 €).
Petersdorf: Der 64 m hohe Turm der St.-Johannis-Kirche (13. Jh.) diente früher als Seezeichen. Die Ausstattung entstammt drei Jahrhunderten: Kalksteintaufe aus Gotland (13. Jh.), vergoldeter Flügel-Schnitzaltar (14. Jh.) und hölzernes Sakramentshaus (15. Jh.). Der Platz um Kirche und Dorfteich wird im Mai zum Mittelpunkt des Rapsblütenfestes (s. S. 18).
Lemkenhafen: Sehenswert sind der Jachthafen und die über 200 Jahre alte Grütz- und Graupenmühle Jachen Flünk (Eilende Flügel). Die einzige noch funktionstüchtige Segelwindmühle in Europa informiert heute als Museum über die Geschichte der Mühle, der Bauerngeschlechter und Handwerker Fehmarns. Auf Höhe des Steinbodens bietet ein Umgang eine herrliche Rundumsicht (Juni–Okt Di–So 11–16 Uhr). In der urigen Aalkate gibt es den Aal direkt auf die Hand (Königstr. 20, tgl. 9–21 Uhr).

Flügger Leuchtturm: s. Tour 1, S. 109.
Naturschutzgebiete: Die alte Strandwalllandschaft des **Grünen Brink** im Norden der Insel ist Rast- und Bruttstätte u. a. für den Rothalstaucher, den Charaktervogel des Brink (tgl. Führungen, Treffpunkt Vogelwärterhaus, meist 10.30 Uhr). Im **Wasservogelreservat Wallnau** nördlich von Flügge ziehen fast 80 Vogelarten ihre Jungen auf. In versteckten Hütten kann man das Geschehen beobachten, ohne die Tiere zu stören. Für Kinder gibt es einen Tast- und Schnupperpfad (www.NABU-Wallnau.de, Juli–Aug. 9–18, Sept.–Juni 10–17 Uhr, Erw. 5,50 €, Kinder ab 6 Jahren 3 €).

Sport & Strände

Südstrand: Gepflegter Strand bei Burgtiefe mit Kur- und Ferienzentrum (Vitarium, Meeresschwimmbad, Mo 14–19 Uhr, Di–So 9–19 Uhr).
Silo Climbing: Burgstaaken, Tel. 0 43 71/50 31 02, www.siloclimbing.de, April–Okt. ab 10 Uhr, open end. Für Kinder (ab 1,15 m) und Erwachsene gibt es 14 Routen von 10–40 Höhenmetern, 1 Std. 5 €, Ausrüstung 3 €.
18-Loch Golfplatz Wulfener Hals: Tel. 0 43 71/69 69, www.golfclub-fehmarn.de.
Nach dem neunten Loch erwartet Sie die Sonnenterrasse des Klubhauses zum Pausieren.
Kutterfahrten: von Burgstaaken mit dem ›Seepferdchen‹, 5 x tgl., Erw. 7 €, Kinder 6–12 Jahre 5 €.
Segeln: mit ›Onkel Charly‹, ab Burgstaaken, Tel, 0 43 71/49 93, Mai–Okt., ca. 2 Std., Erw. 10 €, Kinder 6–13 Jahre 5 €.
Surfen: Surfschule in Gold, Haus Nr. 4, Tel. 0 43 71/69 59. Neben Surfen auch Kiten, Katamaran- und Jollensegeln.
Tauchen: Tauch-Basis u. PADI-Center, Katharinenhof, Dorfstr. 27, Tel. 0 43 71/54 93.
Hochseilgarten: Meeschendorf (Camping Südstrand), Tel. 0 43 71/21 89, meist Sa ab 10 Uhr nach tel. Anmeldung, frühestens ab 14 Jahren, da man sich selbst sichert, 25 € pro Person (3,5 Std.).
Gocart-Sport-Center: Burgstaaken, Hafenstr. 69 b, Tel. 0 43 71/22 20, Juli–Sept. Mo–Fr 12–20, Sa/So ab 11 Uhr, Kiddy-Karts für Kinder, 8 Min. Erw. 8,50 €, Kinder 6,50 €.
Rundflug: Flugplatz in Neujellingsdorf, Tel. 0171/9 91 09 31, Flug über Fehmarn, bei gutem Wetter 10–13, 15–18 Uhr, 17 € pro Person.

Einkaufen

Kerzenwerkstatt: Burg, Osterstr. 49, Tel. 0 43 71/8 77 66. Kerzen in jeglicher Form, Kerzenziehen von 14–17 Uhr.
Bernsteinhütte: Burg, Breite Str. 19, Tel. 043 71/90 45. Schmuck, Figuren, Rohbernsteine.
Wochenmarkt: auf dem Marktplatz von Burg, Mi 7–14 Uhr.

Feste & Unterhaltung

Rapsblütenfest (Mai): in Petersdorf, viertägiges Festprogramm (s. S. 18).
Windsurf-Cup (Juni): s. S. 19.
Jimi Hendrix-Revival-Festival (1. Sept.-Wochenende): Blues, Rock und Folk am Flügger Strand, draußen und kostenlos.

Kinder

Modelleisenbahn-Spielanlage: Burg, Gertrudenthaler Str. 4, März–Okt. tgl. 10–18 Uhr, Nov.–Feb. Fr–So 10–17 Uhr, ein Chip zum Selberfahren ist im Preis enthalten, große Kinderbahn zum Mitfahren.

Hofcafé & Kunst

Ulli's Sonnenterrassen in Albertsdorf, Haus 13, bietet selbst gebackenen Kuchen im gemütlichen Café und landwirtschaftliche Produkte aus eigener Herstellung. Im Hof zeigt Joachim Fritz seine Bilder in Aquarell, Öl und Bleistift mit Motiven von der Insel, und H.-H. Luitjens hält Kunst und Gebrauchsgegenstände aus Holz bereit (April–Okt. 7–18 Uhr).

Experimenta: Am Hafen Burgstaaken 71,Tel. 0 43 71/86 44 46, in der Saison tgl. 10–19 Uhr.
Physik zum Anfassen und Ausprobieren, u. a. Riesenpendel, optische Täuschungen, Blitze, Solarenergie.

Fehmarn Tourismus GmbH: 23769 Burg, Landkirchener Weg 2, Tel. 0 18 05/86 86 00, Fax 0 43 71/86 86 42, www.fehmarn-info.de.
Kurbetrieb: Burgtiefe, Südstrandpromenade 1, Tel. 0 43 71/50 63 00, Fax 0 43 71/50 63 90.

Jugendherberge: Burg, Mathildenstr. 34, Tel. 0 43 71/21 50, Fax 0 43 71/66 80. Bett 13,80–16,50 €.
Hotel-Restaurant Burg-Klause: Burg, Blieschendorfer Weg 1–5, Tel. 0 43 71/5 00 20, Fax 0 43 71/17 35, www.burg-klause.de.
Sauna und Solarium, prämierte Küche. DZ 76–90 €.
Wisser's Hotel: Burg, Am Markt 21, Tel. 0 43 71/31 11, Fax 0 43 71/66 20, www.wissers-hotel.de.
Historisches Haus im Zentrum. DZ 80–90 €.
Landhaus Kastania: Petersdorf, Schlagsdorfer Str. 10, Tel. 0 43 72/9 92 99, www.hotel-kastania.de.
Empfehlenswertes Hotel mit Therapiezentrum, Wellness, Sauna und gemütlicher Kellerbar. DZ 72–94 €.

Camping
Camping Wulfener Hals: Tel. 0 43 71/8 62 80, www.wulfenerhals.de.
Großer Platz, mehrfach ausgezeichnet, viele Bäume, Sportangebot (Bogenschießen, Tauchen, Surfen).
Camping Ostsee: Katharinenhof, hinter dem Naturstrand, Tel. 0 43 71/90 32 u. 0 43 71/32 40 (Winter), www.camping-katharinenhof.de.
Ideal für Angler und Taucher, Spielplätze, Kinderanimation.
Strand-Camping Wallnau: Tel. 0 43 72/99 16 16, Fax 0 43 71/18 29, www.strandcamping.de.
Großer Platz, Animationsprogramm, Reiten, Minigolf, Mietwohnwagen, Behindertenbäder, physikalische Therapie und ambulante Reha-Kur.

Zur Doppel-Eiche: Burg, Breite Str. 32, Tel. 0 43 71/99 20.
Italienisches Flair, deutsche und italienische Küche. Gerichte 8–16 €.
Lotsenhus: am Fischereihafen, Burgstaaken 65, Tel. 0 43 71/55 97.
Im Stil einer Kajüte, frischer Fisch. Gerichte 12–19 €.
Haus am Strand: Burg, Südstrandpromenade, Tel. 0 43 71/96 25, Di Ruhetag.
Altes Lotsenknechthaus, Fischpfanne, hausgemachter Kuchen. Gerichte 8–15 €.

Teekontor-Café: Burg,
Osterstr. 45, Tel. 0 43 71/8 77 91.
Terrasse, viele Teesorten, große Kuchenstücke, Teeverkauf, Sa/So ab 19.30 Uhr Cocktail-Bar, im Sommer auch während der Woche.
Café Jedermann: Burg,
Orthstr. 25, Tel. 0 43 71/14 11.
Garten mit Spielplatz, Kleinigkeiten und guter Kuchen.

Busse: von Burg in die größeren Gemeinden, Auskunft Tel. 0 43 62/9 05 20.
Bürgerbus: 3 x tgl. werden touristische Orte (etwa Lemkenhafen oder Wallnau) angefahren sowie Dörfer, die nicht mit öffentlichen Bussen erreichbar sind. Abfahrtsort: Niendorfer Platz in Burg (Fahrpläne im Touristikbüro, für Kurkarteninhaber kostenlos).
Fährverbindung: von Puttgarden nach Rødby/Dänemark, alle 30 Min. rund um die Uhr, Dauer 45 Min., Tel. 0 43 71/8 651 61, Rødby Tel. 00 45/33 15 15 15.

Flensburg (B 1)

Hübsche Plätze, liebevoll restaurierte Kaufmannshöfe, steile Gassen und der neu belebte Hafen an der Förde prägen das Bild der nördlichsten Stadt Deutschlands (85 000 Ew.). Über 700 Jahre Handel und Schifffahrt haben das Leben ebenso bestimmt wie die jahrhundertlange Herrschaft der Dänen, deren Sitz bis 1721 die Duburg war. Heute leben die Flensburger mit den Dänen, die einen Anteil von etwa 20% stellen, einträchtig nebeneinander.

Der Sage zufolge soll ein Ritter namens Fleno dort eine Burg errichtet haben, wo sich der Heer- oder Ochsenweg von Jütland nach Süden und die alte Handelsstraße von Friesland nach Angeln kreuzten. Ob dieser Ritter der Stadt den Namen gab oder eher die ›Flenser‹, die mit Flensmessern die Speckseiten der Wale abtrennten, bleibt im Reich der Legenden.

Schon im 12. Jh. gab es am Ende der Förde kleine Fischersiedlungen, die sich bis zum Jahr 1284 zur Stadt entwickelten; 1345 wurden die Stadtmauern errichtet. Zu jener Zeit war der Ort sehr reich, da er die wichtigste Handelsflotte Europas besaß. Es folgten schwere Zeiten, aber die Flensburger rappelten sich immer wieder auf, so dass sie im 18. Jh. in die Karibik fahren konnten, um den Rohstoff für die Rumherstellung zu laden. Heute sind das Rumhaus Johannsen und die Manufaktur Braasch die einzigen, die noch Rum produzieren.

Sehenswert

St.-Johannis-Kirche:
Am Dammhof, Mo–Fr 9–12 Uhr.
Der spätromanische Bau mit reich bemaltem Gewölbe ist das älteste Gebäude der ehemaligen Fischersiedlung St. Jürgen.
Hospital und Kloster zum Heiligen Geist: Friedrich-Ebert-Str.
Das Mauerwerk des Klosters aus dem 16. Jh. enthält Reste des ehemaligen Franziskanerklosters St. Katharinen aus dem 13. Jh. (heute Altenheim). Auf Anfrage kann man einen Blick in die Kirche werfen.
St.-Nikolai-Kirche:
Südermarkt, tgl. 9–18 Uhr,
Turmführung Sa 12 Uhr.
Im Innern des bis 1480 errichteten Gotteshauses steht dem ›nüchternen‹ Bronzetaufbecken der verspielt wirkende blau-goldene Taufdeckel sowie der filigran geschnitzte Orgelprospekt aus der Renaissance-Zeit gegenüber. Das Glockenspiel ertönt um 9, 12, 15 und

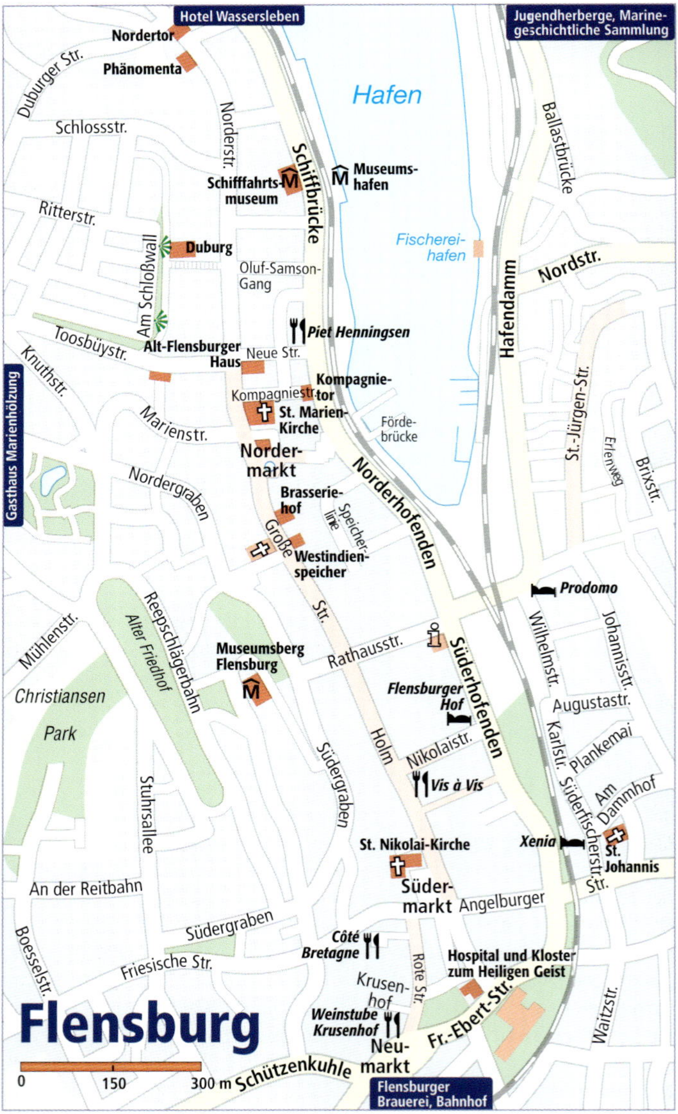

21 Uhr (Orgelkonzerte sowie A-cappella-Aufführungen des St.-Nikolai-Chors).

St.-Marien-Kirche:
Nordermarkt, tgl. 10–17,
Nebensaison bis 16 Uhr.

Eindrucksvolle Glasfenster, ein prächtiger Altar und die älteste Stadtansicht Flensburgs auf dem Epitaph der Familie Beyer bestimmen das Bild der spätgotischen Kirche (1284–1445). Die Orgel von 1732 begleitet die Konzerte des bekannten Bach-Chors.

Fußgängerzone: Rote Straße – Holm – Große Straße – Norderstraße. An dieser Flaniermeile mitten in der Altstadt liegen viele der sehenswerten historischen Häuser (15.–18. Jh.). Nach rechts und links zweigen Höfe ab, zwischen deren Werkstätten und Gaststuben es eng, lebendig und sehr gemütlich zugeht. Die großen Speicher erinnern an die Zeit des Seehandels: Im Hof des Westindienspeichers wurde einst der Übersee-Rum verschnitten; den Brasseriehof mit den Aufzugserkern und Ladeluken wählte Theodor Storm als Schauplatz für seine Novelle ›Im Nachbarhaus links‹.

Nordermarkt: Ein beliebtes Fotomotiv auf dem gemütlichen Platz ist der Neptunsbrunnen (1758). Sein Wasser ist trinkbar – wie aus allen Brunnen der Stadt steigt reines Grundwasser auf. In den Laubengängen waren ab dem 16. Jh. Bäcker- und Schlachterstände aufgebaut. Sogar die Gerichtsbarkeit war allgegenwärtig, die Halterung des Halseisens ist noch erhalten.

Kompagniestraße: Die kleine Gasse mit dem ehemaligen Pastorat von St. Marien (1583) führt zum **Kompagnietor** mit dem Zunfthaus der Schiffer und Kaufleute (1602–04).

Oluf-Samson-Gang: Dieses Sträßchen ist die sehenswerte ehemalige Wohngasse der Handwerker und Schiffer.

Nordertor: 200 Jahre lang markierte das Tor von 1595 mit dem auffallenden Treppengiebel die Stadtgrenze.

Museumsberg Flensburg:
April–Okt. Di–So 10–17 Uhr,
Nov.–März bis 16 Uhr.
Präsentiert werden Leben und Kultur des ehemaligen Herzogtums Schleswig im 17./18. Jh. sowie Gemälde norddeutscher Maler des 19. und 20. Jh. Integriert ist das Naturwissenschaftliche Museum zur Tier- und Pflanzenwelt sowie zur Geologie des Landes.

Museumshafen: Ankerplatz von etwa 20 Traditionsseglern, die einmal im Jahr an der ›Rumregatta‹ teilnehmen. Die Museumswerft zeigt traditionelles Handwerk und bietet Plätze zum Mitsegeln an. Täglich finden Führungen und Hafenrundfahrten statt (ca. 1,5 Std., 7–18 Uhr, 6 €).

Salondampfer ›Alexandra‹: Das älteste Dampfschiff der Fördeflotte (1908) läuft von Mai–Sept. zu Fördefahrten aus (Abfahrt um 13 und 15 Uhr im Museumshafen, 3, 50–7 €); Trauungen an Bord sind möglich .

Schifffahrtsmuseum:
Schiffbrücke 39, Di–So 10–17 Uhr,
im Winter bis 16 Uhr.
Im Keller des ehemaligen Zollpackhauses (1842/43) wird dem Rum eine eigene Abteilung gewidmet.

Marinegeschichtliche Sammlung:
Kelmstr. 14, Di 14–18 Uhr, Eintritt frei.
Deutsche Marinegeschichte in der Marineschule Mürwik (Personalausweis!).

Flensburger Brauerei: Munketoft 12, mit Führung, Anmeldung erforderlich (Tel. 04 61/86 31 22, 5 €).

Sport & Strände

Ein 2,5 km langer **Wanderweg** über den Grenzübergang Schusterkate führt nach Kollund/Dänemark (Ausweis nicht vergessen). Eine Wegbeschreibung bekommt man in der Tourist-Information.

Nordic Fitness Park: in Glücksburg. Fünf Streckenlängen von ca. 3–9 km. Start am Info-Point an der Promenade oder am Hotel Alter Meierhof. Am Wochenende werden auch Schnupperkurse angeboten, ca. 1,5 Std., 6 € (Anmeldung unter Tel. 04 61/2 78 46).

Blick auf die Flensburger Innenstadt

Meerwasserwellenbad: in Glücksburg, Sandwigstr. 1a, Di 12–20, Mi, Fr 14–20, Do 10–20, Sa 12–18, So 10–18 Uhr, Mo geschl.

Holnis: Die Außenförde ist ein Surferparadies mit starkem Wind. Der ausgedehnte, gepflegte Badestrand (FKK im nördlichen Teil) ist wegen des flachen Einstiegs ins Wasser ideal für Kinder, Surfschule am Ziegeleiweg, Tel. 0 46 31/43 26.

Einkaufen

Bauernmarkt: Mi und Sa auf dem Südermarkt.

Glasbläserei: Dieter Schneider, Rote Straße 22–24, Tel. 04 61/2 09 83. Ungewöhnliche Glaskunst.

Ausgehen

In den Kneipen und Diskotheken hinter der Schiffsbrücke und um den Nordermarkt sitzt und tanzt man bis in die Morgenstunden.

Cocktailbar Porticus 1740: Marienstr. 1, Tel. 04 61/2 12 85, ab 17, Sa/So ab 20 Uhr. Auf Sofas genießt man auch Live-Musik, Cocktails für jeden Geschmack (4,50–6,50 €).

Weinstube Krusenhof: Rote Str. 24, Tel. 04 61/1 28 76, So/Mo Ruhetag. Kleine Stube mit urigem Ambiente.

Feste & Unterhaltung

Rum-Regatta (Mai): Internationale Oldtimer-Regatta mit Gaffelmarkt.

›Dampf-Rundum‹ (2. Juli-Wochenende): Markt mit alten Dampfschiffen und -maschinen; **Tumelum** (Ende Aug.): Stadtfest mit Kultur. Ab 2006 beide Feste im Jahreswechsel.

Hofkultur (Mitte Juli–Aug.): Konzerte, Theater, Kabarett unter freiem Himmel in den alten Kaufmanns- und Handwerkerhöfen.

Flensburger Kurzfilmtage (Ende Aug.): Filme aus Deutschland, Österreich und der Schweiz sowie ein Filmblock mit dänischen Filmen.

Apfelfahrt (Okt.): Die Museumsschiffe fahren Obst von Glücksburg nach Flensburg und verkaufen es dort.

Orpheus-Theater:
Marienstr. 1, Tel. 04 61/2 31 68.
Kleinkunst und Jazz.
Im **Deutschen Haus** am Berliner Platz finden Konzerte des Nordmark-Sinfonie-Orchesters statt.

Kinder

Sterne kucken: Astronomie im Menke-Planetarium in Glücksburg, Fördestr. 35, Di 19.30 u. 14-tgl. Di 16 Uhr, Vorbestellung unter Tel. 04 61/8 05 12 73.
Wildgehege: im Waldgebiet Friedeholz, mit großem Abenteuerspielplatz.
Phänomenta: Norderstr. 157–163, www.phaenomenta.com, Okt.–Mai Mo–Fr 9–17, Sa/So 11–18, Juni–Sept. Mo–Fr 10–18, Sa/So 11–18 Uhr, Erw. 7,50 €, Kinder 5,50 €.
Auf vier Stockwerken experimentiert man mit den Grundregeln der Physik. So 14 Uhr Sondervorträge.
artefact Powerpark:
Bremsbergallee 35, Glücksburg, Tel. 0 46 31/6 11 60, Oster- bis Herbstferien Mo–Fr 9–18, Sa/So 10–18 Uhr.
Wie wird Energie erzeugt und umgewandelt, wie viel Energie verbrauche ich wofür (›Watt‹-Wanderung), dem fossilen Treibhauseffekt auf der Spur und noch vieles mehr können Kinder im Energie-Erlebnis-Park erkunden.

Tourist-Information:
Europahaus am ZOB, 24937 Flensburg, Tel. 04 61/9 09 09 20, Fax 04 61/9 09 09 36, www. flensburg.de.

Jugendherberge:
Fichtestr. 16, Tel. 04 61/3 77 42, Fax 04 61/31 29 52, Bett 13,80–16,50 €.

Prodomo-Hotel:
Wilhelmstr. 1, Tel. 04 61/8 60 80, Fax 04 61/8 60 82 00, www.prodomo-hotels.de.
Zentral gelegen, behindertengerecht. DZ 51–61 €.
Hotel Xenia: Süderfischerstr. 2, Tel. 04 61/16 06 20, Fax 04 61/2 09 72, www.hotelxenia.de.
Ruhig, zentral, in der alten Fischersiedlung. DZ 73 €.
Flensburger Hof: Süderhofenden 38, Tel. 04 61/1 41 99-0, Fax 04 61/1 41 99 99.
Gemütliches Stadthotel, Nichtraucherzimmer. DZ 99 €.
Hotel Wassersleben: Wassersleben, Flensburger Förde, Tel. 04 61/7 74 20, Fax 04 61/7 74 21 33, www.hotel-wassersleben.de.
4,5 km von Flensburg entfernt, Terrasse am Wasser, Frühstücksbuffet. DZ 110–132 €.
Alter Meierhof Vitalhotel: nahe Glücksburg, Uferstr. 1, Tel. 04 61/6 19 90, Fax 04 61/61 99 99, www.alter-meierhof.de.
Vier-Sterne-Wellness-Hotel mit großem Fitnessbereich. DZ 160–236 €.

Côté Bretagne:
Rote Str. 14 (im Hof), Tel. 04 61/3 18 68 89, So Ruhetag.
Sehr gemütlich, rauchfrei, bretonische Köstlichkeiten, auch zum Kaufen, Crepes und Galettes (Buchweizen-Pfannkuchen). Gerichte 2,50–8,50 €.
Piet Henningsen: Schiffbrücke 20, Tel. 04 61/2 45 76, kein Ruhetag.
Feinschmecker-Fischrestaurant, seit 1886 Kneipe für Fahrensleute, geschmückt mit allerlei Souvenirs von den Fahrten. Gerichte 10–18 €.
Gasthaus Marienhölzung:
Marienhölzungsweg 150, Tel. 04 61/58 22 94, Mo Ruhetag.

Halbinsel Holnis

In einem trocken gelegten Noor nördlich von Glücksburg nutzen zahlreiche Vogelarten die Salzwiesen als Brutstätte. Vor allem die Kolonie der Uferschwalben im Kliff an der Westseite ist sehenswert. Der ehemalige Fährort Holnis an der Nordostspitze der Halbinsel besitzt mit seinem Fährhaus von 1824 ein Hotel mit hervorragendem Restaurant (Tel. 0 46 31/6 13 30, Di Ruhetag, DZ ab 76 €).

Im Schatten 200-jähriger Eichen. Gerichte 9–16 €.

Café und Weinkeller Vis à Vis: Holmhof 43, Tel. 04 61/1 25 15, So Ruhetag.
In einem der alten Höfe, Torten aus eigener Herstellung. Gerichte 6–10 €.

Mit der **Bahn** von Kiel und Hamburg, mit **Bussen** aus der näheren Umgebung.

Flughafen Schäferhaus: 4 km westl. der Stadt an der B 199, **Rundflüge** über Flensburg und Umgebung sowie Chartermöglichkeiten, Flugleitung Tel. 04 61/9 17 00.

Ziele in der Umgebung

Naturschutzgebiet Tal der Langballigau (C 1): Sanfte Hügel, ein Buchenwald und der Bach Langballigau gehören zu dem überwiegend naturbelassenen Tal, das in einem bis 30 m hohen Kliff endet. Bedrohte Pflanzenarten wie Schachtelhalm, Orchideen oder Sumpfdotterblume sind im Rastplatz zahlreicher Zugvögel erhalten. Der Hafen von **Langballigau** hat sich vom Fischer- zum modernen Seglerhafen entwickelt. Trotzdem wird noch frischer Fisch direkt vom Kutter angeboten. Am Südzipfel des Tales liegt **Unewatt**, ein bewohntes Landschaftsmuseum. Die vier ›Museumsinseln‹ zwischen den Häusern der etwa 140 Einwohner zeigen viel Interessantes über das Leben im 19. Jh (Unewatter Str. 1a, Mai–Sept. Di–So 10–17 Uhr, April/Okt. Fr–So 10–17 Uhr, Nov.–März geschl.).

Naturschutzgebiet Geltinger Birk (D 1): Das ganze Jahr über setzen hunderte von Pflanzenarten Farbtupfer und bieten einer reichhaltigen Fauna Lebensraum in Dünen, Salzwiesen und verlandeten Schilfsümpfen. Hier rasten rund 150 nordische Vogelarten (Führungen April–Okt., Zeiten erfragen, Tel. 0 46 43/18 94 74, Treffpunkt an der NABU-Hütte im Wald).

Eine Attraktion sind Koniks, ausgewilderte Hauspferde, die von den osteuropäischen Tarpanen abstammen. Man sollte sie nicht locken, um das Auswilderungs-Projekt nicht zu gefährden. Vom Parkplatz neben der ehemaligen Müllerkate von 1869 wandert man bis zur NABU-Hütte (inkl. WC) etwa 30 Min. Der rund 10 km lange Wanderweg um die Birk herum führt an einem verwunschenen Krüppeleichenwald vorbei zum Leuchtturm Falshöft. Man kann ihn nach Anmeldung (Tel. 0 46 43/18 69 90) besichtigen. Im Turm gibt es ein Trauzimmer.

Highlight 2

Glücksburger Schloss (B 1): Das weiße Wasserschloss wirkt wie aus dem Märchenbuch. Der Wohnsitz der Herzöge von Schleswig-Holstein-Sonderburg bis 1824 spielte in der Geschichte des Landes eine wichtige Rolle. Im 16. Jh. wurde das Schloss aus den Resten des Zisterzienserklosters Rüde erbaut. Nach der Rückgabe an die dänische Krone 1854 wählte es König Friedrich VII. zu seiner Sommerresidenz. Noch heute ist es im Besitz der herzoglichen Familie.

Ein Teil der Räume sowie die romantische Schlosskapelle – beliebt für Trauungen und Taufen – können besichtigt werden. Besucher gleiten in Riesenpantoffeln durch die fürstlichen Räume mit Ledertapeten und Gobelins aus dem 18. Jh. (Nov.–März Sa/So 10–17, April–Okt. tgl. 10–18 Uhr). Das **Rosarium** zieren über 500 verschiedene Rosenarten (Am Schlosspark 2b, 15. Mai–30. Sept. 10–18 Uhr, Verkauf von Pflanzen, Büchern und Gegenständen rund um die Rose), gegenüber befindet sich ein gemütliches Café.

Theodor-Fontane-Wanderweg (C 1): Der rund 9,5 km lange Theodor-Fontane-Wanderweg (Nr. 1, rot markiert) umfasst die Nordspitze der Halbinsel Holnis. Er führt vom Ortsteil Drei entlang der Außenförde vorbei am Fährhaus Holnis, dem bis 20 m hohen Steilufer der Innenförde, dem Holnis-Hof, einer ehemaligen Ziegeleivilla, dem Holnis Noor und dem Leuchturm Schausende zum Neu Pugumer See mit einer der größten Kormorankolonien zurück nach Drei.

Bootstouren: nach Kollund, Glücksburg und Gråsten am Nybøl Nor, in der Hauptsaison tgl., bis Ende Mai außer Mo, Nordlicht Reisen, Birkenbogen 6, Wees (Tel. 0 46 31/6 17 10).

Ochsenweg: Mit der Karte ›Auf den Spuren des historischen Ochsenwegs‹ (1: 75 000, Bielefelder Verlagsanstalt) kann man auf 491 km die alte Nord-Süd-Fernverbindung erradeln. Seit dem 14. Jh. machten sich Händler mit Ochsen auf zu den Märkten im Süden und noch früher zu Kriegszügen (daher auch Heerweg). Der Weg von Jütland über Flensburg, Schleswig, Rendsburg, Jevenstadt und dann parallel bis Uetersen bzw. Wedel verlor im 19. Jh. durch die Eisenbahn seine Bedeutung. Sieben überdimensionale, gekreuzte Ochsenhörner begleiten den Weg.

Wie aus einem Märchen: Das Wasserschloss Glücksburg

Grömitz (J 6)

Das ›Bad der Sonnenseite‹ gilt als familienfreundlicher Ferienort. Das hat das älteste und größte Ostseeheilbad (7600 Ew.) vor allem dem 8 km langen, feinsandigen und sehr sauberen Strand zu verdanken, der fast den ganzen Tag der Sonne zugewandt ist. Die 3,5 km lange Kur-Promenade ist Treffpunkt und Flaniermeile mit Restaurants, Cafés und Boutiquen. Für Kinder gibt es mehrere Spielplätze.

Die Strandeisenbahn ›Rasender Benno‹ (Tel. 01 72/4 12 32 85) fährt mehrmals täglich vom Ortskern zur Seebrücke, die mit 398 m die längste an der schleswig-holsteinischen Ostseeküste ist. Gegenüber dem Haus des Kurgastes gibt es einen niedrigen Badesteg, der es Rollstuhlfahrern erleichtern soll, ins Wasser zu gelangen.

Sehenswert

St.-Nicolai-Kirche: Sie stammt aus der Gründungszeit des Ortes (13. Jh.). Der Westturm wurde 1665 errichtet; die Ziegel mussten die armen Grömitzer Bürger beim Lübecker Bischof erbetteln. Im Vorraum der Kirche ertönt seit über 90 Jahren das gleichmäßige Ticken des mechanischen Uhrwerks. Der Altarraum hat eine überwiegend barocke Ausstattung (im Sommer Mi ab 21 Uhr ›Kleine Nachtmusik‹).

Gourmet-Wettstreit

Jedes Jahr kreieren einige Chefköche in 18 Orten der schleswig-holsteinischen Ostseeküste ein besonderes Gericht, das sie ihren Gästen für 11 € anbieten. Auch Grömitz beteiligt sich an diesem kulinarischen Wettbewerb, aus dem interessante Kompositionen – meist mit frischem Seefisch – hervorgehen. Informationen erteilt der Tourismus Service in Grömitz.

Sport & Strände

Grömitzer Welle:
tgl. 10–20, Mi–22 Uhr.
Meerwasserbrandungsbad mit großer Wasserrutsche und Saunalandschaft.

Golfplatz: Golf Club Grömitz, Am Schoor 46, Tel. 0 45 62/22 26 50, www.gc-groemitz.de.
18-Loch-Meisterschaftsplatz, öffentlicher 9-Loch-Platz.

Segelschule: ›Blauer Peter‹, am Yachthafen, Tel. 0 45 62/99 59.

Surfen: Surfschneisen am Yachthafen, Nordstrand und Lenster Strand.

Radeln und Wandern: Über 300 km ausgebaute Wege führen ins Hinterland. Vier Sondertouren (Rad-, His-, Kul- und Natour) bietet die neue Karte des Tourismus Service (4 €).

Feste & Unterhaltung

Grömitzer Woche (Mitte Juli): Segelregatta mit Festprogramm.

Ostsee in Flammen (Anfang Aug.): Feuerwerk mit musikalischer Untermalung und Rahmenprogramm.

Klassik-Passage (Mai–Okt.): Klassische Konzerte in der Passage des Kur- und Badezentrums.

Kinder

Zoo Arche Noah: Mühlenstr. 32, 9–18 Uhr, im Winter bis zur Dämmerung.
Einheimische und exotische Tiere, Vogelteich und Streichelhof. Eine Sensation sind die Liger, eine Kreuzung zwischen Löwe und Tiger.

Tourismus Service Grömitz:
Kurpromenade 58, 23743

Grömitz, Tel. 0 18 05/23 34 55, Fax 0 18 05/23 34 56, www.groemitz.de.

Pension Hermer: Am Markt 2, Tel. 0 45 62/98 46, Fax 0 45 62/98 91.
Zentral, gemütlich, Garten mit Liegewiese. DZ 52–78 €.
Gosch: Am Markt 6, Tel. 0 45 62/ 63 41, Fax 0 45 62/14 72, www.gosch-hotel-groemitz.de.
Traditionshotel, Terrasse zum Markt, kostenloser Fahrradverleih. DZ 70–80 €.
Hof Krähenberg:
Nienhagener Weg, Tel. 0 45 62/ 2 27 22, Fax 0 45 62/22 72 50, www.hof-kraehenberg.de.
Idyllisch am Ortsrand, familien- und seniorenfreundlich, großer Garten, Sauna und Schwimmbad. DZ 73–116 €.

La Mareé: Christian-Westphal-Str. 52, Tel. 0 45 62/98 27.
Französische Küche. Hauptgerichte 10–23 €.
Bistrorant Scampi: Kurpromenade 48, Tel. 0 45 62/81 92.
Szenebistro an der Promenade, Delikatessen aus dem Meer. Gerichte 11–19 €.
Schlemmerland: Kurpromenade 2, Tel. 0 45 62/89 01.
Feine regionale Küche. Hauptgerichte 9–16 €.
Tork´s Café:
Strand 8, Tel. 0 45 62/47 47.
Nicht nur italienische Klassiker (Latte Macchiatto, Espresso etc.) frisch geröstet aus dem Trommelröster.
Burghardt´s Café/Bistro:
Kirchenstr. 27–29, Tel. 0 45 62/ 22 48 17, tgl. bis 18 Uhr.
Hausgemachter Kuchen, Spezialität: Blitztorte mit Ananas.

Mit der **Bahn** nach Oldenburg oder Neustadt, von dort mit dem **Bus**.

3

Highlight

Heiligenhafen (J 4)

Eine kleine Stadt (9200 Ew.) mit großen Gegensätzen: In der Altstadt, vom Holsteiner Grafen Adolf IV. um 1255 angelegt, sowie am Kommunal- und Fischereihafen lebt die Geschichte des einstigen Fischerorts. Den modernen Kontrast dazu bilden der Jachthafen mit 950 Liegeplätzen und der größten Hochseeangelflotte Europas sowie der Ostsee-Ferienpark mit Kurmittelanlagen, Freizeitzentren und Hallenbad.

Drei berühmte Namen verbinden sich mit Heiligenhafen: Der Lyriker und Erzähler Wilhelm Jensen (1837–1911) wurde in der Stadt geboren, in der auch sein Werk ›Mettengespinst‹ spielt. Theodor Storm (1817–88) schrieb im Haus seiner Tochter Lisbeth in Heiligenhafen die Novelle ›Hans und Heinz Kirch‹, der eine tragische Familiengeschichte aus der Stadt zugrunde liegt. Der dritte Prominente ist Lyonel Feininger (1871–1956), der während eines Aufenthalts im Jahr 1921 die Bilder ›Das Hohe Ufer‹ und ›Kleine Hafenstadt‹ vorskizzierte.

Sehenswert

Graswarder: Als Bilderbuchidylle präsentieren sich die reetgedeckten Sommerhäuschen. Die hakenartigen Strandwälle wurden zum Seevogelschutzgebiet für über 40 Vogelarten (Führungen ab Naturschutzhaus, Ostern–Okt. 10.30 und 15 Uhr).
Salzspeicher: Heiligenhafens ältestes profanes Gebäude (von 1587), heute

Sommerhäuser auf dem Graswarder

Restaurant, bezeugt den Wohlstand des einstigen Hauptausfuhrhafens für das Oldenburger Land.

Rathaus: Der rote Backsteinbau von 1882 beherrscht den Marktplatz. Auf dem Dach hängt die Kökschenglocke (Feuerglocke), die im 19. Jh. die Bürger um 22 Uhr zur Heimkehr mahnte. Über der Eingangstür prangt die Nachbildung der Schwanzflosse eines Wales, den Fischer 1742 in der Ostsee gefangen haben sollen.

Stadtkirche: Die gotische Backsteinkirche wurde nach einem Brand 1390 wieder aufgebaut. Der modern gestaltete Altarraum birgt zwei fast 500 Jahre alte Chorgestühle sowie Schnitzfiguren von Adam und Eva. Ungewöhnlich sind die überlebensgroße Figur des Christophorus (16. Jh.), die Fregatte ›Samson‹, mit über 360 Jahren eines der ältesten Schiffsmodelle Deutschlands, sowie der ›Schifferstuhl‹. Auf dieser Empore durften nur die ›Stohlbröders‹ sitzen – Reeder, Kapitäne und höhere Steuerleute (Führungen in der Saison Di, Do, Sa 11 Uhr).

Heimatmuseum: Thulboden 11a, April–Okt. Di–Fr, So/Fei 15–17 Uhr. Die Exponate dokumentieren die Entwicklung von Hafen und Stadt.

Sport & Strände

Segel- und Surfschule am Binnensee: vor dem Ferienzentrum am Eichholzweg, Tel. 0 43 62/14 41, Fax 0 43 62/60 10, www.malicke.de. Vom Kindersegeln bis zum Hochseetörn.

Steinwarder: Der 4,8 km lange Strand, dessen Verlängerung sich bis heute mit 2 bis 3 m pro Jahr fortsetzt, lässt den Alltag vergessen – dazu gibt es Segel-, Surf- oder Katamarankurse, Minigolf- und Bolzplatz.

Feste & Unterhaltung

Anfang Mai lockt das **Drachenspektakel** und im Juni das **Gildefest** der Großen Bürgergilde.

Hafenfesttage (Mitte Juli): Märkte, Musikdarbietungen, Ausstellungen und ein Festumzug beherrschen die Stadt 10 Tage lang.

Kinder

Natureum Steinwarder: Auf dem Naturlehrpfad ›Lebensraum Küste‹ sind die Spür-Sinne der kleinen Umweltdetektive gefragt. Der Naturerlebnis-Spielplatz und Aktionen wie ein Piratenwochenende, Feuerwache etc. sind zusätzliche Angebote (tgl. April–Okt., Info-Tel. 0 171/3 66 66 88).

Heiligenhafen Touristik GmbH: 23774 Heiligenhafen, Bergstr. 43, Tel. 0 18 05/90 72 00, Fax 0 43 62/39 38, www.heiligenhafen.de. Zweigstelle im Veranstaltungspavillon Ferienpark (Juli–Sept.).

Luises Sporthotel garni: Hermann-Löns-Str. 3–9,

Tel. 0 43 62/70 10, Fax 0 43 62/58 52, www.luises-sporthotel. de.
Ruhig, auf einer Anhöhe, Sauna, Schwimmbad. DZ 76–86 €.
Hotel Stadt Hamburg: Hafenstr. 17, Tel. 0 43 62/9 02 70, Fax 0 43 62/58 36, www.stadthamburg.com.
Historisches Haus, Nichtraucher-Zimmer, zentral. DZ 85–100 €.

Lütt Hus: Brückstr. 8, Tel. 0 43 62/23 81, in der Nachsaison Mo Ruhetag.
Regionale Gerichte. Hauptgerichte 10–18 €.
Weberhaus: Kirchenstr. 4, Tel. 0 43 62/28 40, Mo Ruhetag.
Spezialität Weberhauslachs, regionale Küche. Gerichte 12–16 €.
Zum Alten Salzspeicher: Hafenstr. 2, Tel. 04 3 62/28 28, Di Ruhetag (nicht im Juli/Aug.).
Spezialität Dorsch auf Salzspeicher Art. Gerichte 10–14 €.
Fisch-Hütte: Industriestr. 13, Tel. 0 43 62/22 32, tgl. bis 19, Di bis 14, So bis 16 Uhr.
Räucherfisch, man kann beim Räuchern zuschauen. Gerichte 5–7 €.
Café Nentwig: Am Markt 10, Tel. 0 43 62/70 00, Nov.–Ostern Di Ruhetag.
Hausgemachte Torten.

Mit der **Bahn** von Lübeck nach Oldenburg bzw. Puttgarden. Von Oldenburg bzw. Puttgarden mit dem **Bus** nach Heiligenhafen.

Ziele in der Umgebung

Großenbrode (J 4): Nach dem Bau der Fehmarnsundbrücke (1963) setzte der einstige Fährort auf die malerische Umgebung und baute ein Kurmittelhaus sowie ein Ferienzentrum am 15 km langen Strand. Im Jachthafen haben Fischerboote neben Jollen festgemacht, und vor dem Strand tummeln sich Surfer, die dort ideale Bedingungen finden. Eine gute Adresse für alle Wassersportarten ist das **Wassersportzentrum Großenbrode,** Am Kai 29, mit Bootsvermietung (Baltic Trolling Center, Tel. 0 43 67/97 86 66), Tauchkursen (Tel. 01 71/2 80 16 07, Ausbildung auch in Gebärdensprache) sowie Segeln und Windsurfen (AMWIND Wassersport, Am Kai 21, Tel. 0 43 67/99 69 74).

Oldenburg (H 5): Die im 7. Jh. gegründete Seestadt der Wagrier gilt als älteste städtische Siedlung Norddeutschlands. Im Jahre 1149 zerstörten die Dänen die Burg trotz des18 m hohen Ringwalls. Am Fuße der Wallanlage baute Bischof Gerold die Nachfolgestadt Oldenburg, die bis 1160 Bischofssitz war. Im **Wallmuseum** kann man den originalgetreu rekonstruierten Arbeits- und Lebensbereich einer wagrischen Stadt begehen (Prof.-Struve-Weg 1, Ostern–Okt. Di–So 10–17 Uhr). Das **Wallfest** Mitte August bietet viel Kunsthandwerklich-Musikalisches. Die St.-Johannis-Toten- und Schützengilde, die älteste Gilde Deutschlands (von 1192), feiert vom 23. Juni an drei Tage lang mit **Festumzug** und Schießen auf den alten ›sächsischen Vogel‹.

Hochseefahrten: mit MS ›Fembria‹, April–Okt., Nordische Ausflugsschifffahrt GmbH, Am Hafen, Tel. 0 43 62/ 50 64 33.

Hohwacht (G 5)

Das ›grünste‹ Bad an der Ostsee ist bekannt für den von Heckenrosen gesäumten Strand, die gemütliche Promenade, die Alt-und Neuhohwacht verbindet, sowie für die bis zu 20 m hohe Steilküste. Vom Wasser ist der nahe Buchenwald zu sehen, der zu Spaziergängen einlädt. Die Idylle des ehemaligen Fischerdorfes zog auch Maler wie Philipp Otto Runge, Karl Schmidt-Rottluff und Erich Heckel an. Sport und Fitness werden groß geschrieben: Es gibt Segel-, Surf- und Tauchschulen, Tennisplätze, einen Golfplatz sowie Rad- und Wanderwege. Und immer noch wird Fisch am Strand geräuchert. Neues Wahrzeichen am Strand und Veranstaltungsort für Konzerte, Gottesdienste u. v. m. ist die fächerartige Seebrücke, die ›Hohwachter Flunder‹. Der markante, blau lackierte Pylon ragt 30 m in die Luft.

Sport & Strände

Segel- und Surfschule:
Ostwind Segelsport, Am Brackstock, Tel. 0 43 81/9 05 10, www.ostwind.com.

Boule: Im Kurpark gibt es zwei Boule-Bahnen.

Golfclub Hohwachter Bucht:
Tel. 0 43 81/96 90, www.golfclub-hohwacht.de.
27 Löcher, 18-Loch-Meisterschaftsplatz.

Hohwachter Bucht Touristik GmbH: Berliner Platz 1, 24321 Hohwacht, Tel. 0 18 05/ 90 55 00, Fax 0 43 81/90 55 50, www.hohwachterbucht.de.

Pension Waterkant:
Strandstr. 16a, Tel. 0 43 81/ 80 26, Fax 0 43 81/41 93 50.
Gemütliche Pension am Strand, kinderfreundlich. DZ 54 €.

Hotel Seelust: Strandstr. 8, Tel. 0 43 81/4 07 90, Fax 0 43 81/ 4 07 93 00, www.hotelseelust.de.
In Alt-Hohwacht, familiäre Atmosphäre. DZ 58–70 €.

Landhotel Walbrecht:
Bickbeerenbrook 6, Tel. 0 43 81/ 4 00 20, Fax 0 43 81/79 67.
Landhausstil, ruhige Lage, Langschläferfrühstück, separates Haus für zwei bis vier Personen. DZ 76–125 €.

Hotel Genueser Schiff:
Seestr. 18, Tel. 0 43 81/75 33,

Fax 0 43 81/58 02, www.genueser-schiff.de.
Am Meer, im Okt./Nov. gibt es ›Mords Wochenenden‹, Gäste spielen Miss Marple oder Sherlock Holmes. DZ 80–160 €.
Hotel Hohe Wacht: Ostseering/Kurpark, Tel. 0 43 81/9 00 80, Fax 0 43 81/90 08 88, www.hohe-wacht.de.
Schwimmbad, Sauna, Tennisplatz, Wellnessbereich, exzellentes Restaurant. DZ 116–210 €.

Café-Restaurant Althochwachter Fischstube: Strandstr. 10–12, Tel. 0 43 81/60 91.
Schleswig-holsteinische Gerichte unter Arkaden. Gerichte 9–16 €.
Restaurant/Eis-Café Nudelladen: Möwenweg 10, Tel. 0 43 81/40 59 50.
Nudelgerichte und Salate, auch zum Mitnehmen. Gerichte 6–10 €.
Bistro/Café Waterkant: Strandstr. 16 a.
Hausgemachte Kuchen, kinderfreundliche Strandterrasse, Frühstück bis 12 Uhr.

Mit dem **Bus** von Kiel aus, in Lütjenburg umsteigen.
Mit dem **Zug** von Plön oder Oldenburg aus, dann mit dem Bus.

Ziele in der Umgebung

Weißenhäuser Strand (H 5): Hinter dem breiten Strand erstreckt sich das Ferienzentrum gleichen Namens. Seilbahn, Abenteuerspielplatz Columbus Park (Aussichtsturm, Hängebrücke, Flamingos, Pelikane und andere Wasservögel, Kanu-, Ruder- und Tretboote), Streichelzoo oder Motorradscooterbahn, Minigolfplatz, Tennis und Bootbahn in der überdachten Halle bieten reichlich Unterhaltung. Das Subtropische Badeparadies (mit Dampfbad, Sauna und Solarium) begeistert wegen der 157 m langen Wasserrutsche und dem Wildwasserkanal (Seestr. 1, Tel. 0 43 61/5 50, 9.30–20.30 Uhr, 3 Std. 7–14 €, freier Eintritt für alle Geburtstagskinder).

Gut Weißenhaus

Wer sich vom Trubel am Weißenhäuser Strand erholen möchte, dem sei ein Fahrt zum **Gut Weißenhaus** (1895) empfohlen. Von den Caféterrassen an der Rückfront des ruhigen und gemütlichen Lokals hat man einen weiten Blick auf den herrlichen Landschaftsgarten bis hin zur Ostsee, und der kleine Rosengarten lädt zum ›Lustwandeln‹ ein (tgl. außer Mo, im Herbst auch Di geschl.).

Kappeln (D 2)

Die malerische Kulisse und das Umfeld der liebenswerten Kleinstadt an der Schlei gab den Ausschlag, sie als Drehort (›Deekelsen‹) für die Fernsehserie ›Der Landarzt‹ auszuwählen. Nicht nur die gemütliche Altstadt mit der ›Landarzt‹-Kneipe Aurora und der Fußgängerzone können sich sehen lassen, sondern auch der von den historischen Heringszäunen, Ausflugsdampfern und Seglern geprägte Hafen. Dort gibt es Gaststätten, Geschäfte sowie den Museumshafen mit mehreren Oldtimer-Schiffen und dem Bahnhof der Angelner Dampfeisenbahn. 1904 in Betrieb genommen, dampft sie heute noch an Sommerwochenenden zwischen Kappeln und Süderbrarup. Der Hafen wird von Silos und den drei Schornsteinen

der letzten Fischräucherei überragt, in der Schleibückling geräuchert wird.

Sehenswert

Heringszaun: Die Kappelner Fischer bedienten sich beim Fischfang einer einmaligen Konstruktion: Mit Weidengeflecht verbundene Zaunpfähle verengen sich so, dass es für die Heringe, die jedes Frühjahr in ihre Laichgründe bei Kappeln zurückkehren, kein Entrinnen gibt. Der letzte Zaun, als Kulturdokument restauriert, wird noch heute von den Fischern genutzt.

St.-Nikolai-Kirche: Das Fundament der bis 1793 gebauten Kirche besteht aus Feldsteinen von 22 Großsteingräbern. Innen vereinen sich Altar (ein Meisterwerk des Knorpelbarock von Hans Gudewerdt d. J.), Kanzel, Orgel, Logen und die Sakristei zu einer einheitlichen Front, die wie die Kulisse eines Schlosses anmutet (10–17 Uhr).

Windmühle Amanda:
Schleswiger Str. 1.
Der 1888 erbaute Galerieholländer ragt mit 30 m aus dem Stadtbild heraus. Er gehört zu den höchsten Mühlen des Landes und ist Sitz der Touristeninformation und des Standesamtes. Das Sägewerk wurde zum **Museum Historisches Sägewerk** umgestaltet, das Einblicke in die Technik der Holzaufbereitung gibt (Mo–Do 10–12, 13–17, So 10–12, 14–16 Uhr).

Schleimuseum: Mittelstr. 7, April–Okt., Di–Sa10–12.30, 13.30–17 Uhr. Das kleine, übersichtliche Museum dokumentiert die maritime Geschichte der Stadt.

Stadtführung: In der Hauptsaison, Treffpunkt bei der Mühle Di 15 Uhr.

Heringszäune bei Kappeln

Sport & Strände

Hochseeangelfahrten:
Bruhn, in Maasholm,
Tel. 0 46 42/60 62.

Feste & Unterhaltung

Kappelner Heringstage (ab Himmelfahrt vier Tage lang): s. S. 18.

Touristinformation: in der Windmühle Amanda, Schleswiger Str. 1, 24376 Kappeln, Tel. 0 46 42/40 27, Fax 0 46 42/54 41, www.kappeln.de.

Jugendherberge: Eckernförder Str. 2, Tel. 0 46 42/85 50, Fax 0 46 42/8 10 86, Bett 14,80–17,50 €.

Hotel-Restaurant-Café Zur Schleibrücke: Eckernförder Str. 1, Tel. 0 46 42/8 10 21, www.schleibruecke.de.
An der Schlei, Garten mit Terrasse. DZ 50–70 €.

Hotel-Restaurant Aurora:
Rathausmarkt 6, Tel. 0 46 42/40 88, Fax 0 46 42/50 88, www.aurora-kappeln.de.
Die Kneipe aus der Fernsehserie ›Der Landarzt‹, nordisches Fischbuffet. DZ 68–120 €.

Apparthotel Svenson:
etwas außerhalb im Stadtteil Kopperby, Uferweg 1, Tel. 0 46 42/9 84 00, Fax 0 46 42/98 40 40, www.apparthotel-svenson.de.
Idyllische Schleilage, familiär, Beauty- und Wellnessbereich. DZ 65–72 €.

Café Alte Schmiede: Schmiedestr. 41, Tel. 0 46 42/15 68.
Spezialität: Gratins und Zitronen-Buttermilchtorte. Gerichte 7–10 €.

Rikate: Kappeln-Ellenberg, Fischergang 2, Tel. 0 46 42/84 83, tgl. 14–17 Uhr, Mo Ruhetag.
Hobby-Kunst-Ausstellung, leckere hausgemachte Kuchen.

La Case Kreol Mauritius:
Arnisser Str. 4, Tel. 0 46 42/96 46 79, tgl. ab 17 Uhr, Mi Ruhetag.
Kreolische Küche, gemütlicher Hinterhof-Garten. Gerichte 7–19 €.

Räucherei Föh:
Dehnthof 26/28, Tel. 0 46 42/22 74, Mo–Fr 8.30–18, Sa 8.30–12.30 Uhr.
Leckere Fischbrötchen auf die Hand, Sitzgelegenheit im kleinen Hof.

Aus Schleswig mit dem **Bus,** aus Eckernförde mit der **Bahn.**
Die **Angelner Museums-Dampfei-**

senbahn fährt Mai–Okt. von Kappeln nach Süderbrarup, Auskunft über die ›Freunde des Schienenverkehrs Flensburg‹, Tel. 04 61/1 31 12, www.angelnbahn.de, Hin-und Rückfahrt 4–10 €.

Ziele in der Umgebung

Maasholm (D 2): Der kleine Fischerort liegt an der Südspitze der einstigen Insel Oehe und ist Ausgangspunkt für Hochseeangelfahrten. Häuser und Katen reihen sich in zwei schmalen Gassen. Bis ins 20. Jh. hinein lebten hier nur Fischer. Dann bauten die Bewohner einen Seglerhafen, der den Fischereihafen heute an Größe übertrifft.

Seevogelschutzgebiet Oehe-Schleimünde (E 2): Eines der ursprünglichsten Naturschutzgebiete an der Ostsee umfasst zahlreiche Biotope: Dünen, Strandwälle, Salzwiesen, Moorreste und so genannte Windwatten, bei westlichen Winden entstehende Wattflächen an der flachen Westküste. Die Halbinsel ist wie die Lotseninsel ein ideales Brutgebiet für Wattvögel und Möwen. Führungen März–Sept. tgl. außer Mo 10 Uhr von der Vogelwärterhütte, etwa 2 Std., Fernglas und Gummistiefel nicht vergessen.

Im Norden des Seevogelschutzgebietes wurde das **Naturerlebniszentrum Maasholm** eingerichtet. Viele Anregungen zum Naturerleben wie ein großes Hörrohr, ein Froschperspektivkasten oder ein Sinnesgarten laden zum ›Begreifen‹ ein. Infos erteilt die Jugendherberge Kappeln, Tel. 0 46 42/85 50, Fax 0 46 42/8 10 86, Eintritt frei.

In das Naturschutzgebiet gelangt man nur zu Fuß oder mit dem Fahrrad über einen 2 km langen biologisch-geologischen Lehrpfad.

Bad Arnis (D 2): s. Tour 2, S. 111.

Schlei-Rundfahrten: Von Kappeln nach Schleswig, Tel. 0 46 42/55 90, mit dem Raddampfer ›Schlei Princess‹, Kappeln-Schleimünde, Reisedienst Gerda Müller, Tel. 0 46 42/65 32.

Kellenhusen (J 6)

Das ehemalige Fischerdorf liegt zwischen einem großen Waldgebiet und dem breiten Ostseestrand. Es hat sich zu einem überschaubaren, familienfreundlichen Ostseeheilbad (1000 Ew.) mit langem Sandstrand entwickelt. An der neuen, bunt gestalteten Promenade mit Meerwasser-Hallen- und Freibad sowie Kurzentrum kann man das Treiben am Strand beobachten. Hier geht alles etwas ruhiger und gemütlicher zu als in den Nachbarorten.

Sehenswert

Der ›Fischer‹: Die Skulptur des jungen Kellenhusener Bildhauers Axel Süphke (1997) steht als Wahrzeichen mitten im Ort.

Eutiner Staatsforst mit Guttauer Gehege: Im größten Waldgebiet an der Küste des Landes lebt Schwarz-, Reh- und Damwild. Es gibt berühmte Bäume wie die ›Fünfmarkeiche‹, das Vorbild für das Fünf-Reichsmarkstück, die ›Wasserstandseiche‹ mit einer Sturmflutmarkierung von 1872 und die 1000-jährige ›Kroneiche‹, deren Stumpf mit über 9 m Umfang ein Naturdenkmal ist. Ihr Name kommt von den Kranichen, die sich auf ihr niederließen.

Sport & Strände

Zwei Pontons im Meer erlauben kühne Sprünge und Sonnenbaden auf dem Wasser.

Nordic Walking: Claudia Mangels, Tel. 0 43 64/47 96 72, Do/Fr u. So 9 Uhr, Schnupperkurs 3 x 1 Std. 20 € (inkl. Stöcke), 1 Std. 7 €.

Planwagen fahren: in die Umgebung und den Kellenhusener Wald, Treffpunkt Waldparkplatz, Erw. 8 €, Kinder 5 €.
Surfschule: Andreas Senkler, Am Südstrand, Tel. 01 75/3 44 86 85.

Feste & Unterhaltung

Plattfischtage (Mitte Mai): Zwei Wochen lang Konzerte, Tanz, Theater, Familienprogramm, Lampionumzug, Feuerwerk und frischer Fisch in allen Variationen.
Hubertuswochen (Ende Sept.–Anfang Okt.): s. S. 20.

Tourismus Service Kellenhusen: Strandpromenade 15, 23746 Kellenhusen, Tel. 0 43 64/ 4 97 50, Fax 0 43 64/49 75 22, www.kellenhusen.de.

Landhaus Puck: Rittbruchweg, Tel. 0 43 64/ 80 92, Fax 0 43 64/47 93 04. Am Wald, kein Durchgangsverkehr, viel Platz für Kinder. DZ 44–54 €.
Vier Linden: Lindenstr. 4–6, Tel. 0 43 64/49 50, Fax 0 43 64/49 52 95, www.hotel-vier-linden.de. Spielplatz, Sauna und Solarium. DZ 60–80 €.
Hotel Erholung: Am Ring 31, Tel. 0 43 64/47 09 60, Fax 0 43 64/ 4 70 96 70, www.hotel-erholung.de. Gepflegtes Haus, familiär, 100 m zum Strand. DZ 60–100 €.

Restaurant/Café Kruse: An der Strandpromenade, Tel. 0 43 64/5 08. Mo Ruhetag. Riesige Portionen. Gerichte 9–19 €.
Restaurant Passat: Strandpromenade 1, Tel. 0 43 64/86 79, Mi Ruhetag. Fischgerichte mit Pfiff. Gerichte 9–16 €.

Mit der **Bahn** nach Oldenburg oder Neustadt, von dort mit **Bussen**.

Ziel in der Umgebung

Cismar (J 6): Dank seiner Galerien (z. B. der Urenkel von Käthe Kollwitz, Bäderstr. 23) und Kunstwerkstätten (wie die Kalligraphische Werkstatt von Hannelore Fischer, Bäderstr. 36) gilt Cismar als Künstlerdorf. Das **Haus der Natur** bietet die größte Schnecken- und Muschelausstellung Deutschlands (Bäderstr. 26, www.hausdernatur.de, tgl. 10–19 Uhr). Das **Restaurant Alte Meierei** (Bäderstr. 33, Tel. 0 43 66/88 42 50) bietet gutbürgerliche Küche, Torten aus eigener Herstellung und mit dem Wohnladen Toscana auch Möbel und Geschenkideen.

Highlight 4

Kloster Cismar (J 6): Hauptanziehungspunkt des Ortes ist das über 760 Jahre alte ehemalige **Benediktinerkloster**. Die hl. Johannisquelle und der Flügelaltarschrein mit Reliquienschatz (1310/20) machten das Kloster zum Wallfahrtsort. Als sich Mitte des 15. Jh. herausstellte, dass die Heilig-Blut-Reliquie nur ein zusammengewickeltes Stück Purpurseide war, blieben die Pilger aus. Dank der hervorragenden Akustik der Klosterkirche finden heute dort Konzerte statt (Führungen Mi, Sa 17 Uhr). Während des **Klosterfestes** (2. Aug.-Wochenende) ist der Klosterhof von einem Kunsthandwerker-Markt mit Musik, Spiel und kulinarischen Köstlichkeiten erfüllt.

Im ehemaligen Laienschiff (Langhaus) zeigt die Stiftung Schleswig-Holsteinische Landesmuseen Schloss Gottorf wechselnde Kunstausstellungen (Bäderstr. 42, Mai–Sept. 10–18 Uhr).

Kiel (E 4/5)

Kiel stand lange im Schatten der anderen Küstenstädte Lübeck, Schleswig und Flensburg. Erst Kaiser Wilhelm I. beförderte es zur Marinehochburg, so dass Werften und Industrie angesiedelt wurden. Auch heute noch hat vieles in der Landeshauptstadt (ca. 233 000 Ew.) mit dem Wasser zu tun: die großen Segelereignisse wie die Kieler Woche, der Schiffsbau, die Fährhäfen, die Promenade ›Kiellinie‹ und der Nord-Ostsee-Kanal.

Gegründet wurde Kiel zwischen 1233 und 1241 von Adolf IV. von Schauenburg. Zwar war die Stadt Mitglied der Hanse, jedoch währte die Blütezeit nur kurz, da Lübeck Kiel im Wettbewerb ausstach. Im 18. Jh. brachte Herzog Karl Friedrich von Holstein-Gottorf zeitweise höfischen Glanz an die Förde, Adelshöfe entstanden, und das Schloss wurde neu errichtet, in dem Karl Friedrichs Sohn, der spätere Zar Peter III., geboren wurde. Der industrielle Aufschwung begann 1785 mit der Freigabe des Schleswig-Holsteiner Canals (Eider-Kanal) und der Eröffnung des Nord-Ostsee-Kanals (1895). Er machte Kiel zum Tor in die Welt. Als Marinestützpunkt im Zweiten Weltkrieg war die Stadt schweren Luftangriffen ausgesetzt, so dass nach 1945 nur noch jedes vierte Haus stand.

Der neuerliche Aufschwung kam mit dem Fährverkehr nach Skandinavien und Osteuropa. Die großen und kleinen Fähren teilen sich die Anlegestellen beiderseits der Förde mit Kreuzfahrtschiffen und Ausflugsdampfern. Auch die ›Gorch Fock‹, das Segelschulschiff der Bundesmarine, hat ihren Liegeplatz im Tirpitzhafen an der Förde. Seinen Namen verdankt das Schiff dem Marinedichter Johann Kienau, genannt Gorch Fock.

Trotz alldem hat Kiel auch ein Leben abseits des Wassers. Museen und Galerien laden zu einem Besuch ein, und der Kleine Kiel sowie die vielen Parks sind voll Leben, nicht zuletzt durch die Nähe zur Universität, die seit über 330 Jahren fester Bestandteil der Stadt ist.

Sehenswert

Altes Rathaus: Der weithin sichtbare, 106 m hohen Rathausturm, der ›Campanile von Kiel‹, beherrscht das im Jugendstil (1907–1911) erbaute Gebäude. Von der Aussichtsplattform genießt man einen herrlichen Rundblick (Mai–Sept. So 12.30, Mi 14.30 Uhr).

Alter Markt: Der Alte Markt war einst das Zentrum des ersten Stadtkerns. Nach der Neugestaltung hat der Platz jedoch an Weite und Atmosphäre verloren. Selbst die eindrucksvolle, um 1242 erbaute **St.-Nikolai-Kirche** wirkt ein wenig wie zur Seite geschoben (tgl. 10–18, Sa 10–13 Uhr, Musik von Gregorianik-Pop Mi 17–17.30 Uhr). Neu und alt mischt sich hier: Man sieht Wandmalereien aus der ersten Hälfte des 15. Jh. neben den Buntglasfenstern aus dem 20. Jh. Vor der Kirche steht die Bronzeplastik des ›Geistkämpfers‹ von Ernst Barlach (1927/28).

Franziskanerkloster: Vom Kloster aus der Gründerzeit ist nur das Refektorium und der Westflügel des Kreuzgangs erhalten. Das Glockenspiel des Carillons ertönt gegen 12 und 18 Uhr. Bei den Führungen (Di–So 15–18 Uhr) kann man sich gegen eine Spende ein Lied wünschen.

Das ›Schloss‹: Am Ende der Dänischen Straße steht das Symbol der Fördestadt, die Figur der ›Kilia‹ mit Blick in Richtung Schloss. Manch einer wird sich beim Anblick des modernen Betonklotzes verwundert fragen, wo hier die königliche Behausung sei. Das 1695 erbaute drei-

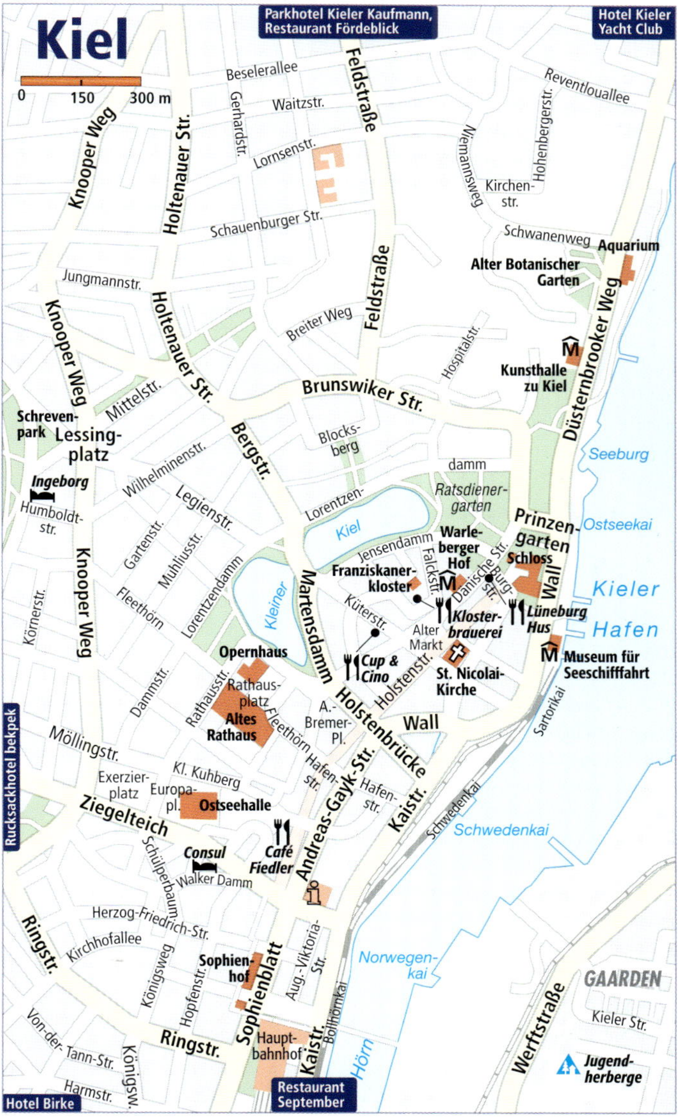

flügelige Schloss fiel den Luftangriffen des Zweiten Weltkriegs zum Opfer, nur der Rantzaubau hielt stand. Das heutige ›Schloss‹, das als Konzertsaal dient, wurde in den 1960er Jahren errichtet.

Alter Botanischer Garten: Düsternbrooker Weg 19, immer offen, Führung am 2. So im Monat 10.30 Uhr. Der über 100 Jahre alte Baumbestand und die unterschiedlichste Blütenpracht

von Februar bis Oktober ist nicht nur eine Augenweide, sondern Biotop für zahlreiche Kleinlebewesen und herrlicher Ruhepol mitten in der Stadt. Der Blick auf die Kieler Förde von der Aussichtsplattform mit filigraner schmiedeeiserner Kuppel ist einmalig.

Warleberger Hof:
Dänische Str. 19, 15. April–15. Okt. 10–18, sonst Di–So 10–17 Uhr.
Friedrich III. von Gottorf schenkte den einzigen erhaltenen Adelshof Kiels Anfang des 17. Jh. seinem Amtsschreiber. Das heutige **Stadtmuseum** zeigt in Wechselausstellungen Kiels Geschichte, etwa anhand alter Postkarten.

Kunsthalle zu Kiel:
Düsternbrooker Weg 1,
Di–So 10.30–18, Mi 10.30–20 Uhr.
Zu sehen sind Werke von der Romantik bis zum Expressionismus, russische und schleswig-holsteinische Malerei des 19. und 20. Jh. sowie eine umfangreiche grafische und eine Antikensammlung.

Aquarium: Düsternbrooker Weg 20, Eingang Kiellinie, April–Sept. 9–19 Uhr, im Winter 9–17 Uhr.
Über 30 Becken zeigen die heimische Wasserwelt sowie tropische Korallenriffe. Publikumslieblinge sind die Seehunde in den Außenbecken an der Kiellinie (Fütterung tgl. außer Fr 10 und 14.30 Uhr).

Parkanlagen: Ruhe und Schatten findet man unter den hohen Bäumen des Diederichsen-Parks und der benachbarten Forstbaumschule (Gartenlokal). Mit kleinen Teichen, Anhöhen und Liegewiesen sowie alten Bäumen gehört er neben dem Düsternbrooker Gehölz und dem Schrevenpark zu den beliebtesten Sonntagsausflugszielen der Kieler.

Nord-Ostsee-Kanal: Am Eingang des 1895 erbauten und 1914 erweiterten Kanals grüßt der alte Holtenauer Leuchtturm. Die Schleuse sieht man am besten von der Aussichtsplattform an der Kanal-Südseite (Kiel-Wik). Eine Ausstellung auf der Schleuseninsel (Kanal-Nordseite) gibt Auskunft über Baugeschichte und Kanaltechniken (Führungen tgl. 9, 11, 13, 15 Uhr).

Der Schwedenkai in Kiel

Führungen & Rundfahrten

Raddampfer ›Freya‹: Fahrt auf dem Ostsee-Kanal bis nach Rendsburg und zurück. Abfahrt von der Bahnhofsbrücke in Kiel. Rückreise auch mit dem Bus oder der Nordseebahn möglich (Adler-Schiffe, Tel. 0 46 51/98 70 13, Fax 0 46 51/2 63 00, www.raddampfer-Freya.de).

Stadtrundgänge: Themengebundene Stadtführungen wie z. B. Kiel zu Fuß, Besuch der Brauerei, Weinprobe etc. kann man über die Tourist Information buchen.

Kiel verkehrt: Beim Rundgang um die Hörn zu Bauruinen und Prestige-Objekten lässt Eulenspiegel grüßen, Umweltbildungsverein Geo Step by Step, Tel. 04 31/36 31 18.

Sport & Strände

Seebadeanstalt Düsternbrook: Wer keinen Sand mag, liegt hier am Hindenburgufer richtig. Auf dem Steg, von dem man ins Wasser springen kann, bieten Liegen Erholung.

Falkensteiner Strand: Man badet mit Blick auf die großen Fähren, kurtaxefrei. Am Deichweg entlang führt ein Spazierweg zum grün-weißen Leuchtturm.

Schilksee: Hier starten seit 1882 alljährlich die Seglerwettbewerbe der Kieler Woche. Der 2 km lange Strand mit Restaurants und DLRG-Wächterhäuschen bietet genügend Platz für Beach-Volleyball-Spiele. Der Strand-Abschnitt ist mit Bussen gut erreichbar.

Olympiaschwimmhalle: Schilksee, Drachenbahn, Mo–Fr 6.30–8, Mo 13–20, Mi, Do 13–18, Fr 13–21, Sa/So 10–18 Uhr.

Schwentinepark: Freizeitpark mit beheiztem Freibad (Mai–Mitte Sept.) sowie Wildgehege mit Ziegen, Ponys, Zwergeseln, Steinböcken und Mufflons.

Golf: Golf Club Kitzeberg, Dethlefskamp 56, www.golf-kiel.de. Bei Mönkeberg liegt Kiels ältester 18-Loch-Platz mit Klubhaus und eigenem Fähranleger.

Einkaufen

Holstenstraße: Eine der ältesten Fußgängerzonen Deutschlands reicht vom überdachten Sophienhof und dem Kleinen Herzog (den Einkaufszentren gegenüber dem Bahnhof) bis zum Alten Markt.

Holtenauerstraße: Kleinere Fachgeschäfte und Boutiquen, zum Teil unter schönen Arkaden.

Wochenmärkte: Mi, Sa 8–13 Uhr auf dem Exerzierplatz, Mo, Do auf dem Blücherplatz, Ökomarkt Fr 12–18 Uhr auf dem Asmus-Bremer-Platz.

Ausgehen

CAP: am Bahnhof, Kaistr. 54–56. Disco, Filmpalast, Gastronomie.

Traum GmbH: Grasweg 19, tgl. ab 17.30, So ab 12 Uhr. Multikulturelles Zentrum, Restaurant, Diskothek, Kino, Konzerte.
Casino: Holstenbrücke 30, Mo–Do ab 18, Fr–So ab 15–ca. 3 Uhr, Einlass nur mit Jackett und Personalausweis.
Klosterbrauerei: Alter Markt 9. Selbst gebraute Bier und deftige Speisen in uriger Atmosphäre.
Bar Hemingway: Alter Markt 9. Leckere Cocktails mit oder ohne Alkohol.
Nachtcafé: Eggerstedtstr. 14, ab 21.30 Uhr Live-Musik, 1. Sa im Monat Kinderdisco.

Feste & Unterhaltung

Kiel bietet auf sieben Bühnen abwechslungsreiche Programme, darunter im **Opernhaus** (Rathauplatz 4), im **Schauspielhaus** (Holtenauerstr. 103, auch Kabarett, Lesungen und Musicals) und im **Theater im Werftpark** (Ostring 187a, mit Kinder- und Jugendprogramm) sowie in der **Ostseehalle** (Europaplatz, sportliche und musikalische Veranstaltungen).
Kieler Umschlag: letztes Wochenende im Februar (Do–So) auf dem Alten Markt und dem Rathausplatz (s. S. 18).
Schleswig-Holstein Kids' Festival (Mai): Drei Tage Sport und Spiel zu Wasser und zu Lande.

Highlight 5

Kieler Woche (Mitte Juni): Aus einer Regatta im Jahre 1882 hervorgegangen, ist sie die größte Segelregatta der Welt mit internationalem Markt und großer ›Spiellinie‹ sowie Konzerten und Ausstellungen. Segelregatten finden vom Olympiahafen in Schilksee aus statt.

Kinder

Schifffahrtsmuseum: Wall 65, Di–So 10–17 Uhr. In dem liebenswerten Museum erfährt man alles über Schiffsbau und Schifffahrt. Auf den drei historischen Schiffen am Museumshafen lässt es sich wunderbar stöbern.
Sternwarte: Mediendom der FH Kiel, Sokratesplatz 6, Info-Tel. 04 31/17 41 (Mo–Fr 9–11 Uhr), Fr 18.30–23 Uhr (alle 1,5 Std.), Sa/So auch 14 und 17 Uhr.
Segelcamp 24sieben: Kiellinie, Höhe Reventloubrücke, Tel. 04 31/2 40 00 70, Mai–Okt. Schnuppersegeln und Kurse für Kinder zwischen 6 und 18 Jahren, man muss schwimmen können.
Neuer Botanischer Garten: Olshausenstr. 40, tgl. 9–18, im Winter bis 15 Uhr. Tropische und subtropische Pflanzen im Freiland und in Gewächshäusern, Rosen- und Arzneipflanzengärten sowie ein Alpinum (Führung 1. So im Monat 11 Uhr, im Winter stattdessen Vorträge).

Tourist Information Kiel e.V.: Andreas-Gayk-Str. 31, 24103 Kiel, Tel. 0180/5 65 67 00, www.kiel-tourist.de.

Jugendherberge: Johannesstr. 1, neben der Gaardener Schwimmhalle, Tel. 04 31/73 14 88, Fax 04 31/73 57 23, Bett 16,50–19,20 €.
Hotel Ingeborg: Goethestr. 7a, Tel. 04 31/9 15 57, Fax 04 31/9 78 69 58, www.hotel-ingeborg.de. Gegenüber vom Schrevenpark, für Nichtraucher, sehr ruhig. DZ 60–80 €.
Hotel Consul: Walkerdamm 11, Tel. 04 31/53 53 70,

Fax 04 31/5 35 37 70, www.hotel-consul-kiel.de.
Zentral, individuell gestaltete Zimmer, freundlicher Service. DZ 100–115 €.
Hotel Birke: Martenshofweg 2–8, Tel. 04 31/53 31-0, Fax 04 31/ 5 33 13 33, www.hotel-birke.de.
Für Fahrradfahrer mit Garage, Trockenraum und Tourenausarbeitung. DZ 106–197 €.
Hotel Kieler Yacht Club: Hindenburgufer 70, Tel. 04 31/ 88 13-0, Fax 04 31/8 81 34 44, www.hotelkieleryachtclub.de.
Sehr schöne Lage an der Förde. DZ 140–180 €.
Parkhotel Kieler Kaufmann: Niemannsweg 102, Tel. 04 31/ 8 81 10, Fax 04 31/8 81 11 35, www.kieler-kaufmann.de
Gepflegtes Ambiente, exklusive Holsteiner Küche, Hallenbad, Sauna. DZ 128–219 €.
Rucksackhotel bekpek: Kronshagener Weg 130a, Tel. 04 31/ 8 88 80 09, www.bekpek-kiel.de.
2- und Mehrbett-Zimmer, Küche für Selbstversorger. DZ 20–26 €.

Lüneburg-Hus-Restaurant zum Hirschen: Dänische Str. 22, Tel. 04 31/98 26 00-0.
Feine Küche. Gerichte 12–19 €.
Restaurant-Café Fördeblick: Tiessenkai 20, Kiel-Holtenau, Tel. 04 31/36 28 38, Okt.–Ostern Mo Ruhetag.
Fischspezialitäten, Blick auf die ›großen Pötte‹ auf der Förde. Gerichte 8–19 €.
September: Alte Lübecker Chaussee 27, Tel. 04 31/68 06 10, So Ruhetag (im Winter auch Mo).
Ehemalige Schmiede mit sehr schönem Ambiente, hervorragende internationale Küche. Im Bistro 10–16 €, im Restaurant nur Menüs um 35 €.
Fisherman´s: Promenade Schilksee, Tel. 04 31/6 67 29 84.
Currywurst bis Hummer, Fr–So 8–11 Uhr Seglerfrühstück. Gerichte 8–15 €.
Cup & Cino: Kehdenstr. 1.
Kaffeesorten aller Art, gute und reichhaltige Panini.
Café Fiedler: Holstenstr. 92–94, Tel. 04 31/99 71 90.
Leckere Torten, Blick auf die Fußgängerzone.

Regionalbahnen: Auskunft unter Tel. 0 18 03/19 41 95.
Busse: Auskunft unter Tel. 04 31/5 94 12 34.
Kilius: Bus zum Flughafen Hamburg, Tel. 04 31/6 66 22 22.
Flughafen Kiel-Holtenau: Boelckestr. 100, Tel. 04 31/32 91 90.
Fähren: nach Oslo (Color-Line, Tel. 04 31/7 30 03 00), Göteborg (Stena-Line, Tel. 04 31/90 99), Klaipeda/Litauen (LISCO Baltic Service Tel. 04 31/20 97 64 44).

Ziele in der Umgebung

Fördefahrt (E 4): Die Förde-Fährlinie bietet eine Rundfahrt entlang der Strände der Kieler Bucht. Es geht im Zickzack-Kurs von Ufer zu Ufer in etwa einer Stunde von Kiel nach Laboe. Angelegt wird in Kiel (Bahnhof–Seegarten–Reventlou), Mönkeberg, Möltenort, Friedrichsort, Falckenstein und Laboe. Von Juni bis September geht es noch weiter nach Schilksee und Strande. Fahrpläne liegen in den Fähren oder den Tourist-Büros aus (Auskunft: Tel. 04 31/5 94 12 66).
Heikendorf (E 4): Der Ort bietet alle Annehmlichkeiten eines modernen Erholungsbades, ist aber beschaulich geblieben. Strand und Seebadeanstalt mit Badekabinen (Mitte Juni–Ende Aug. 13–18, Sommerferien ab 10 Uhr) sowie

Leuchtturm für die ›Westentasche‹

Karl Rückwardt kann auch im Ruhestand Meer und Küste nicht links liegen lassen. Der ehemalige Kapitän hat sich ein äußerst attraktives Hobby zugelegt: Er baut die Leuchttürme von Nord- und Ostseeküste maßstabsgetreu und detailgenau inkl. Leuchtanlage nach. Die bis 60 cm großen Türme (80–320 €) können telefonisch oder persönlich bei ihm bestellt werden (Heikendorf, Wiesenkamp 36, Tel. 04 31/24 13 77).

der ursprüngliche Fischerhafen sind bequem mit dem Fördedampfer zu erreichen. Das älteste Haus (1865), ehemals Atelier und Wohnhaus des Malers Heinrich Blunck, wurde zum Künstlermuseum – ein ruhiger Ort voller Harmonie. Neben Bluncks Bildern sieht man Werke der Künstlerkolonie Heikendorf vom Spätimpressionismus bis zum ausklingenden Expressionismus (Di–Sa 14–17, So 11–17 Uhr, So 14–17 Uhr Kaffee und Kuchen).

Schwentine (E/F 5): Der nahezu naturbelassene Fluss entspringt am Bungsberg und verbindet die Seen der Holsteinischen Schweiz – ideal für Wasserwanderer. Eine detaillierte Wassersportkarte gibt es im Kieler Touristenbüro. Wer sich lieber schippern lässt, sollte die Schwentinetalfahrt von Kiel-Wellingdorf zur Oppendorfer Mühle mitmachen (ab Kiel-Wellingdorf, Mai–Okt. Mo–Sa 13.45, 15, So 11, 12 und ab 13.30 Uhr stdl., an gleicher Stelle sind Ruderboote oder Kanus zu mieten). Von dort führt ein Spazierweg zum Restaurant und Vogelpark Villa Fernsicht (im Winter Do Ruhetag) mit rund 200 gefiederten, auch exotischen Bewohnern in den Freigehegen und einem Reptilienzoo.

Highlight 6

Freilichtmuseum Molfsee (E 5): Hamburger Landstr. 97, Ostern–Okt. tgl. 9–18, Nov.–März nur So 11–16 Uhr.
Das großzügige Gelände vor den Toren Kiels ermöglicht eine Zeitreise durch Schleswig-Holstein. Besucher wandeln durch Bauernhäuser, Katen, Speicher, Mühlen, Scheunen und Handwerksstätten, die so einmal an anderer Stelle im Lande gestanden haben. Bäckerei, Meierei, Räucherei bieten u. a. ihre Produkte an sowie Bildhauer, Korbmacher, Kerzenzieher, Weber, Uhrmacher und Imker. Sonderveranstaltungen sind u. a. Gärtnermarkt (April) Herbstmarkt (Okt.) und Weihnachtsmarkt.

Naturpark Westensee (D 5): Idyllische Badestellen und Spazierwege liegen rund um Westensee, Ahrensee, Bossee sowie Schierensee. In den Sümpfen, Wäldern und Heidelandschaften blieb eine artenreiche Fauna und Flora erhalten. Viele Wanderwege folgen den alten Kirchensteigen zur Westenseer St.-Catharinenkirche (12. Jh.). Von Mai bis Sept. finden dort sonntags Konzerte statt. Einkehren kann man in Wrohe im Lokal Zum Fischmeister (Fisch- und Wildspezialitäten, Mo Ruhetag) oder in Westensee im Café Zeit (hausgemachte Torten, Sept.–April Di–Do Ruhetag).

Gut Emkendorf (D 5): Der Park des Gutes zählt zu den schönsten im Lande. Interessante Bewohner waren Graf Fritz Reventlow und seine Gemahlin Julia (die ›Kanapée-Gräfin‹) zu Beginn des 19. Jh. Durch die Gräfin avancierte das

Herrenhaus zu einem Musenhof mit prominenten Gästen, etwa Friedrich Gottlieb Klopstock, Johann Caspar Lavater oder Matthias Claudius, der dort sein Abendlied ›Der Mond ist aufgegangen‹ gedichtet haben soll. Das Haus kann nach Vereinbarung mit den jetzigen Besitzern, Familie von Lüttwitz-Heinrich, besichtigt werden (Tel. 0 43 30/99 46 90, Kinder unter 15 Jahren haben keinen Zutritt). In der einstigen Kornscheune finden Konzerte des Schleswig-Holstein Musik Festivals statt.

Laboe (E 4)

Im wohl bekanntesten Badeort des Kieler Ostufers spürt man schon deutlich das ungezähmte Meer. Der gepflegte Strand mit dem flachen Einstieg ins Meer ist sehr familienfreundlich. Für buddel- und bademüde Kinder gibt es Klettergeräte, Tischtennisplatte, Torwand und Trampolin. Der lebhafte Hafen und die Promenade laden zum Schauen und Genießen ein.

Sehenswert

Marine-Ehrenmal:
Strandstr. 92, tgl. 9.30–18,
16. Okt.–15. April 9.30–16 Uhr.
Bis in 72 m Höhe ragt das von Gustav August Munzer errichtete Mahnmal (1936) für gefallene Marinesoldaten empor. Von der Aussichtsplattform – 341 Stufen oder 57 Sekunden mit dem Fahrstuhl – hat man einen weiten Blick über die Kieler Förde, die Probstei und den Dänischen Wohld.

U-Boot ›U 995‹: tgl. 9.30–18,
16. Okt.–15. April 9.30–16 Uhr.
Die Enge im Innern beeindruckt vor allem, wenn man sich vorstellt, dass über 50 Mann mit bis zu 240 m Wasser über dem Kopf wochenlang in der stählernen Konservendose leben mussten.

Sport & Strände

Meerwasserschwimmhalle:
Strandstr. 25, Tel. 0 43 43/12 49, Fr–Di 10–18, Mi bis 22, Do bis 16, Sa/So bis 17 Uhr, Wassertemperatur: 28° C.

Nichtraucherstrand: um das Hallenbad herum.

Der Hafen von Laboe

Blick unter die Wasseroberfläche

Die **Meeresbiologische Station** in Laboe vermittelt Einblicke in die Unterwasserwelt. In Gruppenführungen erlebt man die Meerestiere der Kieler Förde hautnah, manche kann man in die Hand nehmen und füttern. Außerdem erfährt man etwas über die Entstehung der Algenblüten und kann das Ostseewasser untersuchen (Strand 1, nördl. des U-Boots, Tel./Fax 0 43 43/42 93 21, 11–18 Uhr, Mo geschl., Nov.–März auch Di/Mi geschl.).

Feste & Unterhaltung

Laboer Dorschtage (Anfang April): s. S. 18.

Klassiker-Regatta: (Ende Aug.): über 200 alte Schiffe und maritimer Markt am Hafen.

Laboer Herbstmarkt (letzter Fr und Sa im Sept.): Budenzauber und Spielspaß am Fischereihafen.

Tourist-Information: Strandstr. 25, 24235 Laboe, im Schwimmbad, Tel. 0 18 05/55 71 72, Fax 0 43 43/17 81, www.laboe.de.

Pension Landhaus Arp: Oberdorf 6, Tel. 043 43/81 78. Bauernhaus in ruhiger Lage, Tiere zum Streicheln. DZ 46–50 €.

Hotel-Restaurant Haus Erholung: Friedrichstr. 8, Tel. 0 43 43/86 52, Fax 0 43 43/13 33.
Sehr ruhig in einer Parallelstraße zum Strand. DZ 54–58 €.

Hotel Seeterrassen: Strandstr. 84–88, Tel. 0 43 43/60 70, Fax 0 43 43/607 70, www.seeterrassen-laboe.de.
Am Strand beim Ehrenmal, Sauna und Solarium, Dez./Jan. geschl. DZ 62–80 €.

Das kleine Nudelhaus: Strandstr. 5, Tel. 0 43 43/42 15 24.
Kleine, feine Gerichte. 6–12 €.

Fischküche Laboe: Am Hafen, Tel. 0 43 43/42 97 99, Nov.–Mitte März geschl.
Köstliche Fischspezialitäten, schöner Blick von der Terrasse. Gerichte 7–11 €.

Busse nach Kiel und Umgebung sowie nach Schönberg.

7

Highlight

Lübeck (G/H 8)

Lübecks Altstadt umfließen Trave und Wakenitz, in deren Wasser sich geschichtsträchtige Bürgerhäuser, Handelshäuser mit reich verzierten Fassaden, Kirchtürme, Klöster und Stiftshöfe spiegeln – ein märchenhafter Anblick. Mit den berühmten Töchtern und Söhnen der Stadt kann man auf eine Reise durch die Zeit- und Architekturgeschichte von der Gotik bis zum Klassizismus gehen.

Seit jeher bestimmten Kaufleute die Geschicke der Stadt Heinrichs des Löwen (1159). Als Bischofssitz und Freie Reichsstadt trat die Stadt um 1300 der Hanse bei und nahm eine zentrale Rolle in der nordeuropäischen Wirtschaft ein. Der Kauf des Hafenorts Travemünde (1329) und der Bau des Stecknitzkanals (1398) gaben den Weg der Elbe zur Ostsee frei. Damit festigten die Kaufleute bis ins 16. Jh. Lübecks Vormacht als ›Königin der Hanse‹. Sie entwickelte sich zum Umschlagplatz des Ost-West-Handels. Auf zehn Ein-

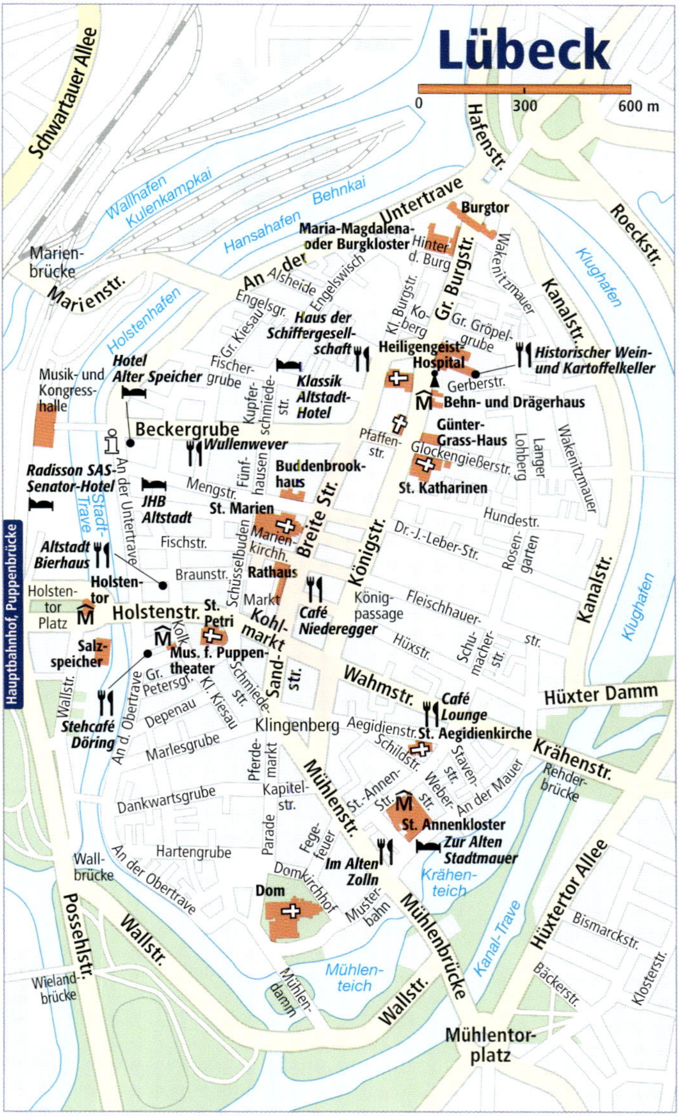

wohner kam ein Handelsschiff – das brachte auch Geld für Kunst und Kultur.

Trotz des Bombenhagels im März 1942 blieben mehr Bauwerke aus dem 13. bis 15. Jh. erhalten als anderswo in Norddeutschland. Daher wurde Lübecks Altstadt in die UNESCO-Liste des Weltkulturerbes aufgenommen. Man sollte die geschäftige Stadt (200 000 Ew.) zu Fuß entdecken.

Sehenswert

Puppenbrücke: Sie erhielt ihren Namen nach den Sandsteinskulpturen auf dem Geländer – etwa dem berühmten Merkur mit dem ›bloßen Podex‹.

Holstentor: Holstentorplatz, April–Sept. Di–So 10–17, Okt.–März 10–16 Uhr.

Das 1464–1478 erbaute Wahrzeichen der Stadt trägt zur Feldseite die Inschrift »Concordia Domi Foris Pax« – drinnen Eintracht, draußen Friede. An der Stadtseite stehen die Buchstaben S.P.Q.L. (Senatus Populusque Lubecensis – Der Senat und das Volk von Lübeck). Die Lübecker machten daraus »Schlechtes Pflaster quält Lübeck«. Heute zeigt das **Museum für Stadt- und Seefahrtsgeschichte** Funde aus Alt-Lübeck, Schiffs- und Hausmodelle sowie im Keller alte Folterwerkzeuge.

Salzspeicher: Wallstraße.

In sechs Backsteingiebelhäusern aus dem 16. bis 18. Jh. wurde das aus Lüneburg herbeitransportierte Salz gelagert und anschließend nach Nordeuropa und Russland exportiert. Als die Skandinavier das preiswertere Salz von der Nordseeküste kauften, lagerten in den Speichern Getreide oder Holz. Heute nutzt ein Modehaus die Gebäude.

Buddenbrookhaus: Mengstr. 4, tgl. 10–18, im Winter 10–17 Uhr.

Wohnhaus (1841–1891) der Großeltern von Heinrich und Thomas Mann. Der Schauplatz des Romans ›Die Bud-

denbrooks‹ dokumentiert das Leben und Wirken der beiden großen Schriftsteller.

St. Marien: Marienkirchhof, Turm- und Gewölbeführungen April–Okt. Sa 15.15 Uhr, Juli/Aug. auch Mi.
Das Wahrzeichen der stolzen und freien Bürger wurde nach dem Stadtbrand von 1251 zur gotischen Basilika ausgebaut. Das Thema der Totentanzkapelle, benannt nach dem Fries von Bernt Notke (1463), wurde im Nordfenster (1955/56) wieder aufgenommen. Neben vielen Kunstwerken, wie dem Antwerpener Marienaltar (1518), fasziniert die riesige astronomische Uhr, auf der man sieht, auf welchen Tag der eigene Geburtstag bis zum Jahr 2080 fallen wird. Die Abendmusiken, die schon Franz Tunder (1614–1667) einrichtete, finden noch heute jeden Donnerstag im Juli und August statt. Die Künstler spielen auf der größten mechanischen Orgel der Welt.

Rathaus: Markt, Führungen Mo–Fr 11, 12 und 15 Uhr.
Das wie ein Märchenschloss anmutende Gebäude entstand über mehrere Jahrhunderte: Die Schaufassade 1435, Renaissancelaube und -treppe im 16. Jh. und der holzgeschnitzte Erker am Langen Haus 1586. Im Eingangsbereich zeigen Backsteinsäulen die alte, fast schwarze Glasur, die aus Ofenruß, Rinderblut und Salz hergestellt wurde. Der historische Ratskeller ist heute Gaststätte.

Heiligengeist-Hospital:
Am Koberg, Di–So 10–17, im Winter 10–16 Uhr.
Zum 1286 eingeweihten Hospital– einer der ältesten Sozialeinrichtungen Europas – gehören die Hallenkirche mit gotischen Fresken und das 87 m messende Lange Haus, in dem Betten für Bedürftige standen. Um 1820 wurden hölzerne Budenreihen (Kabäuschen) als Schlafkammern eingebaut, die noch bis 1970 bewohnt waren. Alljährlich findet in den Räumen ein Weihnachtsmarkt statt.

Gängeviertel: Um 1400 wuchs die Bevölkerung von Lübeck so stark an, dass neuer Wohnraum geschaffen werden musste. Deshalb errichtete man kleine Häuser in den Hinterhöfen und schuf die schmalen Zugänge. Eine der ›gängereichsten‹ Straßen ist die Engelsgrube. Der Hellgrüne Gang besitzt mit einer Balkenhöhe von nur 1,50 m den niedrigsten Zugang.

Altstadthäuser in der Petersgrube

Kulturforum Burgkloster:
Hinter der Burg 2–4, April–Sept. Di–So 10–17, Okt.–März 10–16, Führung Sa 11.30 Uhr.
Das größte mittelalterliche Kloster (1227) Norddeutschlands wurde als Dank für den Sieg über die Dänen in der Schlacht bei Bornhöved gegründet. Seit der Reformation war das Kloster Armenhaus, ab Ende des 19. Jh. Gerichtsgebäude und Gefängnis. Aus jener Zeit stammen der Schöffengerichtssaal und zwei Zellen samt Mobiliar. Die ständige Ausstellung ›Pfeffer & Tuch für Mark & Dukaten‹ erzählt vom Handel der Hanse.

Burgtor: Das nördlichste Stadttor, 1444 vollendet und 1685 mit einer barocken Haube versehen, wird vom Marstallgebäude und dem Zöllnerhaus von 1571 eingerahmt. In dessen Räumen befindet sich heute eine Bildweberei.

Behnhaus/Drägerhaus:
Königstr. 9/11, April–Sept. Di–So 10–17, Okt.–März 10–16 Uhr.
In den Gebäuden aus dem 18. Jh. hängen Gemälde des 19. und 20. Jh. Angeschlossen sind eine Galerie mit Werken zeitgenössischer Maler sowie Fest- und Repräsentationsräume von Bürgermeistern und Senatoren. Im Garten-Pavillon stellt die Overbeck-Gesellschaft aus, der fast 80 Jahre alte Lübecker Kunstverein.

Günter-Grass-Haus:
Glockengießer Str. 21, tgl. 10–18, Nov.–März 10–17 Uhr.
Im Wechsel werden Werke aus bildender Kunst, Literatur und Musik des Literatur-Nobelpreisträgers gezeigt.

Kloster St. Katharinen:
Königstr., April–Sept. Di–So 10–13, 14–17 Uhr.
In den Blendnischen der Westfassade stehen Plastiken von Ernst Barlach (1930–32) und Gerhard Marcks (1947/48). Die Kirche dient heute als Ausstellungsraum für sakrale Kunst.

St.-Aegidienkirche:
Aegidienstr., Di–Sa 10–16 Uhr.
Das romanische Gotteshaus der ›kleinen Leute‹ wurde bis ins 15. Jh. erweitert. Unter den Kunstschätzen des 13. bis 18. Jh. sind der Lettner (Singechor, 1586/87) mit figurenreichen Gemälden aus der Heilsgeschichte und das spätromanische hölzerne Relief des segnenden Christus bemerkenswert. Die großen, unebenen Bodensteinplatten tragen zur ganz eigenen Atmosphäre bei. Der Lübecker Bach-Chor führt regelmäßig Konzerte auf.

Kunsthalle St. Annen
und **St.-Annen-Museum:**
St. Annen-Str. 15, April–Sept. tgl. 10–17, Okt.–März Di–Fr 10–16, Sa/So 11–17 Uhr.
Das jüngste und prächtigste der Klöster wurde bis 1515 für Augustinernonnen errichtet und diente später auch als Armenhaus. Heute zeigt das Museum für Kunst- und Kulturgeschichte Kunstwerke aus Lübecks Kirchen und die bürgerliche Wohnkultur bis 1800. Der Neubau präsentiert einen Querschnitt der Kunst nach 1945.

Dom: Domkirchhof, tgl. 10–18 Uhr.
Den Grundstein zu dem imposanten Bau mit den mächtigen Türmen legte Heinrich der Löwe 1173. Die Ausstattung birgt Kunstwerke des 14. bis 17. Jh., deren ältestes ein kleiner gotischer Löwe ist, der auf den Stifter hinweist. Eindrucksvoll ist auch das 17 m hohe Triumphkreuz (1477), der Marienaltar mit Einhornjagd (1506) und der Wandschrein mit den Schutzpatronen Johannes der Täufer und Nikolaus (um 1475).

Museum für Figurentheater Fey:
Kleine Petersgrube 4–6, tgl. 10–18 Uhr.

Über 100 Puppen, Bühnen und Requisiten aus aller Welt hat der Sammler Fritz Fey zusammengetragen. Im Theater gegenüber werden die Figuren wie von Zauberhand zum Leben erweckt und führen Erzählungen für Kinder und Klassisches für Erwachsene auf.

St. Petri:
März–Sept. tgl. 9–19 Uhr.
Die Kirche aus dem 13 Jh. ist ohne Gemeinde, doch besitzt sie einen Ausstellungs- und Konzertraum. Die Turmplattform bietet ein wunderbares Panorama der gesamten Lübecker Altstadt.

Rundfahrten & Führungen

Stadt-, Kanal- und Hafenrundfahrten: An der Untertrave, z.B. Maak-Linie (Tel. 04 51/7 06 38 59) tgl. ca. 1 Std.; auch Hochzeiten an Bord möglich.

Trave-Fahrt: Abfahrt an der Drehbrücke, Lübeck–Travemünde, Könemann-Schifffahrt, Teerhofinsel 14a, Tel. 04 51/ 2 80 16 35, 3 x tgl., ca. 90 Min., Geburtstagskinder haben freie Fahrt.

Wakenitz-Fahrt: bis zum Fährhaus Rothenhusen, Abfahrt an der Moltke-Brücke, z. B. mit Personenschifffahrt Maiworm, Tel. 04 51/3 54 55, 17. April–10. Okt. tgl. 10 und 14 Uhr, oder mit Wakenitz-Schifffahrt Quandt, Tel. 04 51/ 79 38 85, Mai–Sept. tgl. 9.30–15.30 Uhr alle 2 Std., April u. Okt. nur Sa/So.

Stadtführungen: Treffpunkt Tourist Service, ca. 2 Std., meist Mo–Sa 14, So 11 Uhr. Information: Lübecker Stadtführer e.V., Tel. 04 51/59 62 20.

Stadtrundfahrt mit dem Museumsbus: Mai–Sept. jeden 2. So im Monat, Stadthalle bis Wesloer Brücke, ab 12.20–17.20 Uhr stdl., Tel.04 51/ 8 88 28 28.

Sport & Strände

Lübecker Eiszauber: künstliche Eisbahn neben der Musik- und Kongresshalle (MuK), Nov.–Jan., Schlittschuhverleih.

Einkaufen

Kunst bei Blattgold: Weberstr. 1F, Tel. 04 51/5 92 98 91, Mo, Mi 14–18, Do/Fr 10–13 Uhr.
Buchbinderei, Restaurierung und Exklusivbindungen loser Blätter.

Werkstatt für Glasschliff:
Carl Rotter, Elisenstr. 2,
Tel. 04 51/40 44 05, Mo–Fr 9–18,
Sa 10–13 Uhr.
Farbige und mit Motiven verzierte Gläser.

Süß und Herb

Die pfiffigen Lübecker machten zwei ihrer Produkte zu weltbekannten Markenzeichen– Marzipan und Rotspon. Das **Marzipan,** im Mittelalter noch ein von Apothekern hergestelltes Heil- und Stärkungsmittel, hielt im 19. Jh. Einzug in die Zuckerbäckereien. Einer der ersten, der das köstliche Mandel-Zucker-Gemisch formte, war Johann Georg Niederegger. Im gleichnamigen Café (Breite Str. 89) hat man zwischen 300 Artikeln aus Marzipan wählen. Das Museum im ersten Stock erzählt die Geschichte des süßen Gutes. Der **Rotspon** verdankt seine Berühmheit eigentlich Napoleon. Der plünderte bei Lübecks Besetzung auch die Weinkeller und bemerkte so den Unterschied zu den heimischen Weinen. Denn obwohl der Rotspon französischen Ursprungs war, reifte er erst durch die Lagerung in den Eichenfässern und den feuchten Kellern Lübecks zu seinem feinen Geschmack.

Hüxstraße: Boutiquen, Galerien, Buch- und Weinhandlungen, Cafés und Restaurants.
Wochenmärkte: Rathausmarkt Mo, Do 10–18.30, Koberg Di, Fr 10–18 Uhr.

Ausgehen

Szenekneipen finden Nachtschwärmer in der Fleischhauer-, Hüx- und Dr.-Julius-Leberstraße.
Im alten Zolln: Mühlenstr. 93, Tel. 04 51/7 23 95.
Traditionelle Bierkneipe, Livemusik, Lesungen etc.
Abaco: Daimlerstr. 2, Tel. 04 51/ 4 99 26 12, Di, Do–Sa 22–5 Uhr
Super-Disco in Stockelsdorf.

Feste & Unterhaltung

Ice World (Dez.–Jan.): in einem temperierten Zelt, aus Eis gefertigte Skulpturen faszinierend beleuchtet.
Ducksteinfestival (Anfang Aug.): am Traveufer, internationale Künstlerszene mit Musik und mobilen Aktionen.
Nordische Filmtage Lübeck (Anfang Nov.): Tel. 04 51/1 22 41 05, www.nordische-filmtage.de (s. S. 20).

Magenmorsellen

In der St.-Jacobi-Apotheke stellt der Apotheker noch heute nach dem Rezept seines Großvaters **Magenmorsellen** her. Die ›aufräumende‹ Wirkung dieses Gewürzkonfekts war auch den Damen in Theodor Fontanes Romanen bekannt. Die von Hand hergestellten kleinen Kugeln aus Zucker, Mandeln und Gewürzen wie Anis, Kardamon, Nelken und Muskat gibt es ab Herbst hell und dunkel (mit Kakao) gemischt in einer Spanschachtel zu kaufen (250 g für 6,50 €).

Weihnachtsmärkte (vier Wochen bis Fr vor Weihnachten): auf dem Rathausplatz, in der Breiten Straße und auf dem Koberg, berühmt sind die Drehorgelfrauen und -männer
Kunsthandwerker-Weihnachtsmarkt: im Heiligengeist-Hospital (s. S. 20).
Volkstheater Geisler: Dr.-Julius-Leber-Str. 25, Tel. 04 51/7 07 82 81, Fr/ Sa 20, So 18/19 Uhr.
Lustspiele und Volksstücke, Do Kabarett, Musik etc.

Kinder

Lübecker Marionetten-Theater: Kolk 20–22, Tel. 04 51/7 00 60, Di–So 15, Fr/Sa 19.30 Uhr.
Stadtführungen: etwa Entdeckungsreise ins Mittelalter, ›Teufel, Maus und Glocken‹ oder ›Marzipan und Adler‹. Ab Holstentorplatz 1, 1,5–2 Std., 5 €.

Lübeck und Travemünder Tourist-Service, 23552 Lübeck, Hostentorplatz 1, Tel. 0 18 05/88 22 33, www.luebeck-tourismus.de.
Lübecker Verkehrsverein e.V.: Konrad Adenauerstr. 6 II, Tel. 04 51/7 23 39, Fax 04 51/70 48 90, www.luebecker-verkehrsverein.de.

Jugendherberge Altstadt: Mengstr. 33, Tel. 04 51/ 7 02 03 99, Fax 04 51/7 70 12, Bett 17,50–20,20 €.
Hotel Zur Alten Stadtmauer: An der Mauer 57, Tel. 04 51/7 37 02, Fax 04 51/7 32 39, www.hotelstadtmauer.de.
Ruhig und zentral, Fahrradverleih. DZ 60–70 €.
Hotel Alter Speicher: Beckergrube 91–93, Tel. 04 51/

7 10 45, Fax 04 51/70 48 04, www.hotel-alter-speicher.de.
Historisches Gebäude, mit Garten. DZ 72–128 €.

Klassik Altstadt Hotel:
Fischergrube 52, Tel. 04 51/70 29 80, Fax 04 51/7 37 78, www.klassik-altstadt-hotel.de.
Klassisch- romantische Einrichtung, Zimmer mit Fax- und Modemanschluss. DZ 75–123 €.

Radisson SAS-Senator-Hotel:
Willy-Brandt-Allee 6, Tel. 04 51/14 20, Fax 04 51/14 22 22, www.radissonas.de.
Blick auf Trave und Altstadt, Kinder unter zwölf Jahren wohnen kostenlos. DZ 154 €.

Wullenwever:
Beckergrube 71, Tel. 04 51/70 43 33, ab 19 Uhr, So/Mo Ruhetag.
400 Jahre altes Kaufmannshaus, frische Küche, traditionelles Rübenmus. Gerichte 15–58 €.

Historischer Weinkeller und Kartoffelkeller: Koberg 8, Tel. 04 51/7 62 34.
Urig, gemütlich, Hospitalitenmahl, Lüb'sches Gelage anno 1502, Sept.–Mai Sieben-Gänge-Menü 42 €. Hauptgerichte 16–19 €.

Altstadt Bierhaus: Braunstr. 19, Tel. 04 51/7 37 32, ab 17 Uhr.
Bier vom Fass, gutbürgerliche Küche. Gerichte 10–17 €.

Schiffergesellschaft:
Breite Str. 2, Tel. 04 51/7 67 76, Historische Gaststätte von 1535, traditionell, regionale Küche. Gerichte 13–20 €.

Café Lounge: Wahmstr. 40, Tel. 04 51/3 07 29 50.
Kaffee und mehr, stiller Hinterhof, Blick auf 1800-l-Aquarium, nicht nur für Jugendliche.

Stehcafé Döring: Kleine Petersgrube 10, Tel. 04 51/749 53, Mi–Sa 14–18 Uhr.
Winzige, aber sehr gemütliche Stube, köstliche Schokolade, Kuchen nach alten Rezepten und hausgemachte Petits Fours.

Happy Day Ticket: Tages- oder 3-Tageskarte ab 5 €, freie Fahrt in Bussen und Bahnen etwa nach Travemünde, Ermäßigungen im Theater, Museen etc.

Flughafen: Blankensee, Blankenseer Str. 101, Tel. 04 51/5 83 01-0, Fax 04 51/5 83 01 24.

Bahn: Von Kiel und Hamburg fährt die Regionalbahn nach Lübeck.

Bus: Vom ZOB fahren Busse in die Holsteinische Schweiz und an die Bäder der Ostseeküste

Ziele in der Umgebung

Gothmund (H 8): Das alte Fischerdorf versteckt sich am Rand der Schellbruchwiesen nordöstlich von Lübeck. Noch heute haben seine Einwohner das ausschließliche Fischrecht auf der Trave. Man parkt oberhalb des Ortes und geht zu Fuß in den Fischerweg. An reetgedeckten Fachwerkhäusern, Bauerngärten, Fischkuttern und aufgespannten Netzen vorbei gelangt man zur Untertrave. Ein Wanderweg führt am Ufer entlang bis in das Naturschutzgebiet Schellbruch.

Highlight 8

Bad Segeberg (F 7): Wer von Mitte Juni bis Ende August in Schleswig-Holstein ist, sollte die **Karl-May-Spiele** in Bad Segeberg nicht versäumen. Der Gipsberg ist die ideale Kulisse für die Indianerspiele, bei denen die Akteure

Blick vom Hessenstein

sogar durch die Zuschauerreihen galoppieren. Vor Beginn und in den Pausen hat man Gelegenheit, sich eine Westernstadt oder Ausstellungen über indianische Kultur anzusehen und den Boten Manitus, einen Adler, aus der Nähe zu bestaunen (Karl-May-Platz, Tel. 01805/95 21 11, Fax 0 45 51/10 30, www.karl-may-spiele.de, Do–Sa 15 und 20, So 15 Uhr, Erw. 11,50–22,50 €, Kinder 8–16,50 €).

Lütjenburg (G 5)

Die über 800 Jahre alte ›Stadt der Handwerker und des Korns‹ mit 5700 Einwohnern wuchs an einer Kreuzung alter Handelswege von Oldenburg nach Kiel und von Plön nach Hohwacht. Der Blickpunkt des Stadtbilds ist der malerische Marktplatz, umrahmt von Geschäften in Bürgerhäusern aus dem 17. bis 19. Jh. und dem Färberhaus von 1576 mit der ungewöhnlichen Bemalung (heute Standesamt).

Schleswig-Holstein Musik Festival

Hinter Fargau am Selenter See liegt der massige Bau von Gut Salzau. Das Herrenhaus von 1882/83 ist Kulturzentrum der Landesregierung und avancierte zum Mittelpunkt des Schleswig-Holstein Musik Festivals. Sieben Wochen lang wird es für junge Stipendiaten aus aller Welt zum Workshop, den Leonhard Bernstein 1986 initiierte. Kartenbestellungen und Informationen unter Tel. 04 51/38 95 70, www.shmf.de.

Der legendäre Polizei- und Schuldiener Hein Lüth schaut von seinem Platz über dem Marktbrunnen auf das mittwochs und samstags stattfindende Markttreiben.

Sehenswert

St.-Michaelis-Kirche: (13. Jh.): Im Innern dominieren der Schnitzaltar und das Triumphkreuz aus dem 15. Jh. Die romanische Granittaufe wurde 1745 durch einen schwebenden Taufengel ersetzt (s. Tour 5, S. 117). Heute haben beide Taufen nebeneinander ihren Platz in der Kirche.

Ofenmacherviertel: Man sieht das Bäckerhaus von 1790 mit der eindrucksvollen Rokoko-Zopfstiltür und die alten Zunftschilder der Handwerker am ehemaligen Kaisersaal, der nach einem Brand im Jahre 1976 zum Restaurant aufgebaut wurde.

Bismarckturm: Auf dem 78 m hohen Vogelberg im Norden von Lütjenburg thront der Aussichtsturm. Von der Plattform (Zugang über das Restaurant, 0,50 €) genießt man das Panorama auf das Ostholsteiner Hügelland und die Ostsee bis zu den dänischen Inseln.

Sport & Strände

Behrensdorf: Ein Strandwall trennt die Wiesen vom Ostseestrand, den man zum Schutz des Walls nur über kleine Holzbrücken erreicht. Der Strand ist kurtaxefrei, aber längst kein Geheimtipp mehr. Zweimal im Sommer (Juli/Aug.) kann man den Leuchtturm von 1918 im Rahmen eines Festes besteigen und aus 40 m Höhe die Aussicht genießen (10–17 Uhr, Auskunft im Touristikbüro).

Tauch-Parcour: in der Ostsee vor Behrensdorf, Dieter und Petra Schlechtweg, am Campingplatz Waldesruh, Tel. 0 43 81/8 55 55 oder 04 21/2 09 96 33, 10-Tages-Kurse.

Boule-Anlage: unterhalb des Bismarckturmes, mit Pavillon für die Regenpausen.

Radwandern: Drei Touren (à ca. 20 km) zu archäologischen Denkmälern rund um Lütjenburg. Tafeln an der Strecke informieren über die Sehenswürdigkeiten. Faltblätter dazu gibt es im Touristikbüro.

Tourist-Information: 24321 Lütjenburg, Markt 4, Tel. 0 43 81/41 99 41, Fax 0 43 81/ 41 99 43, www.stadt-luetjenburg.de.

Privat-Pension Christel Kloth: Am Eetzteich 49, Tel. 0 43 81/63 91, Fax 0 43 81/98 79. Liegewiese, Tischtennis, Nichtraucher. DZ 38 €.

Hotel Ostseeblick:
Am Bismarckturm 3,
Tel. 0 43 81/9 06 50, Fax 0 43 81/
72 40. www.hotel-ostseeblick.de.
Idyllisch im Wald, Pantry-Küche, Schwimmbad und Sauna. DZ 76–128 €.

Eiscafé Wede:
Teichtorstr. 7/Am Stadtteich,
Tel. 0 43 81/78 19, Di Ruhetag.
Eis aus eigener Herstellung.

Café am Markt:
Markt 21, Tel. 0 43 81/41 67 77.
Torten und Gebäck aus eigener Herstellung.

Von Kiel bis Plön mit dem **Zug**, von dort mit **Bussen**.

Ziele in der Umgebung

Hessenstein (G 5): Eine wunderschöne Aussicht bis zum Kalkberg von Bad Segeberg und zu den Dänischen Inseln hat man von dem neogotischen Backsteinturm, den Landgraf Friedrich von Gut Panker bis 1841 auf dem 128 m hohen Pilsberg errichten ließ. Empfehlenswert ist das Restaurant **Forsthaus Hessenstein** unterhalb des Turms (Tel. 0 43 81/94 16, Di–Fr ab 18, Sa ab 14, So ab 12 Uhr, Mo Ruhetag. Rustikal-gehobenes Essen. Gerichte 14–33 €).

Highlight 9

Panker (G 5): Wie ein Dorf mutet das Gut mit schlossartigem Herrenhaus (um 1650 erbaut), Stallungen und Torhaus aus dem 18. Jh. an, umgeben von einem prächtigen englischen Garten. Noch heute wohnt Moritz von Hessen, ein Mitglied des kurhessischen Hauses, auf Panker. Daher darf das Herrenhaus nicht betreten werden. Die Besucher kommen zum Stöbern in den Kunstgalerien und kleinen Geschäften, zum Spazierengehen in den Anlagen mit Alleen und Wiesen, auf denen Trakehner-Pferde grasen – und wegen des guten Essens im Wirtshaus **Ole Liese** aus dem Jahre 1797 (Tel. 0 43 81/9 06 90, Mo Ruhetag, im Winter auch Di geschl., im Sommer Di ab 18 Uhr. Spezialitäten nach Jahreszeiten. Gerichte 20–22 €).

Turmhügelburg (G 5): Im Nienthal entsteht kontinuierlich die Rekonstruktion einer mittelalterlichen Burganlage. Die Turmhügelburg (Motte) war die häufigste Befestigungsform der Adligen, die so ihren Wohnsitz mit Ringwall und Wassergraben schützten. Besichtigung nach Voranmeldung (Tel. 043 81/ 4 00 80). Im Sommer finden dort historische Veranstaltungen statt.

Gut Kletkamp (G 5): Der Gutshof liegt fernab vom Autolärm, umgeben von Karpfenteichen und grünen Wiesen. Durch das Torhaus von 1775 führt der Weg zum Herrenhaus der Grafen von Rantzau aus dem 16. und 17. Jh. Die wohltuende Gutsatmosphäre kann man beim Aufenthalt in einem der Apartments oder beim Ritt auf den gutseigenen Pferden genießen (Besichtigung mit Kaffetafel ab 15 Personen, Tel. 0 43 81/9 08 33).

Harmsdorf (H 5): Hauptstr. 25,
Mo–Fr 9–18, Sa 8–12 Uhr.
Die Firma Braasch bietet echten Holsteiner Katenschinken an, der in der über 330 Jahre alte Räucherkate reift.

Eselspark i-a (G 5): Nessendorf,
Wiesengrund 3, Tel. 01802/
21 46 46, www.eselpark.de,
15. März–31.Okt. tgl. 10–18 Uhr.
Mit der kleinen Eselin Elfriede fing alles an. Heute bewundern Besucher neben Zwerg- und Hauseseln so seltene Arten wie den Katalanischen und An-

dalusischen Riesenesel oder den französischen Poitou-Esel. Eselskutschfahrten und Muli-Ritte gehen in die romantische Umgebung der Holsteinischen Schweiz.

Selenter See (F/G 5): Wälder und Wiesen umgeben den zweitgrößten Binnensee Schleswig-Holsteins. Die Ufer im Nordosten mit seltenen Brutvogelarten stehen unter Naturschutz und dürfen nicht betreten werden. Der restliche See ist zum Baden und Wassersport freigegeben. Wander- und Radwege erlauben immer wieder Blicke auf den See, den kein Zufluss trübt, da er unterirdisch gespeist wird.

Neustadt in Holstein (H 6)

Seit über 750 Jahren lebt die Kleinstadt (16 000 Ew.) von ihrem Hafen mit malerischer Kulisse, den auch die ZDF-Serie ›Küstenwache‹ als Drehort entdeckt hat. Von dem einstmals wichtigsten Ausfuhrhafen für Getreide erzählen die großen Speicher rund um das ›Nadelöhr‹ zum Binnenwasser: der Horn'sche Speicher (1824) – heute Restaurant – und der Pagodenspeicher (1830), der seinen Namen nach dem mehrfach gestuften Dach mit Trockenluken erhielt. Heute laufen neben Fischerbooten vor allem Ausflugsschiffe ein.

Bis Ende des 12. Jh. herrschte ein wendischer Fürst über den Marktflecken. Seine Burg befand sich auf der Halbinsel im Neustädter Binnenwasser, die seit dem Eisenbahnbau 1880 durch einen Damm mit dem Festland verbunden ist. Im Jahre 1244 gründete der Holsteiner Graf Adolf IV. dort ein wirtschaftliches Zentrum für das südliche Wagrien. Ein Großbrand zerstörte 1817 viel von der mittelalterlichen Bebauung.

Sehenswert

Heilig-Geist-Hospital: 1344 für gebrechliche Pilger auf deren Weg nach Cismar erbaut. Die kleine Backsteinsaalkirche von 1408 zeigt Reste gotischer Ausmalungen; Altar und Kanzel stammen aus dem 17. Jh. In den Wohnbauten wurde ein Altersheim eröffnet.

Brückengeldeinnehmerhaus: Noch 1930 musste man Zoll für »Mensch, Vieh und Fuhrwerk« bezahlen. Heute gelangt man unbehelligt über eine Brücke zum Zentrum von Neustadt.

Stadtkirche: Die Einrichtung stammt aus drei Jahrhunderten: Barockaltar (1643), Triumphkreuz (15. Jh.) mit beeindruckendem Christus und Renaissance-Kanzel (16. Jh.), mittelalterliche Ausmalungen.

Kremper Tor: Das einzige erhaltene Tor gehörte zu einem Befestigungsring aus Wall, Mauer und Graben. Seit 1908 ist dort das **Ostholstein-Museum** untergebracht, dessen Exponate bis in die Vorgeschichte zurückreichen (April/Mai, Sept./Okt. Di–Sa 15–17, So 10–12 Uhr, Juni–Aug. Di–So 10–12, 15–17 Uhr). Einmalig ist die Sammlung von Moritatenschildern des Neustädter Malers Adam Hölbing (1855–1929).

Das angeschlossene **Cap-Arcona-Museum** erinnert an den Untergang der ›Cap Arcona‹ 1945 in der Neustädter Bucht, bei dem mehr als 8000 KZ-Häftlinge starben (Besuch nach Voranmeldung, Tel. 0 45 61/3 97 70).

Stadtführungen

Angeboten werden verschiedene Themen, etwa ›Neustadt gestern & heute‹, ›Hafenrundgang zu den Fischern‹ oder ›Hexen, Erdmenschen und Wiedergänger‹ (21 Uhr, mit Taschenlampe). Nähere Informationen erteilt die Touristinformation.

Eines der schönsten Herrenhäuser: Gut Hasselburg

Sport & Strände

Strandbad: am nordwestlichen Strandbeginn. Der ausgedehnte Strand reicht bis zu den Ortsteilen Pelzerhaken und Rettin.

Segeln: mit dem Traditionssegler ›Mirounga‹, Abfahrt an der ehemaligen Fischhütte, Anmeldung unter Tel. 01 71/ 4 03 28 57, 10–20 €.

Hochseilgarten: Beim Hof Radlandsichten, zwischen Malente und Timmdorf, Godenbergstr. 10, Tel. 0 45 23/98 47 05, www.hochseilgarten-malente.de.
Nur in Gruppen und mit Voranmeldung. Halber Tag 49 €, ganzer Tag inkl. Imbiss 90 €. Klettern bis zu 16 m Höhe.

Einkaufen

Blaudruck: J. H. Koch, Vor dem Kremper Tor 11, 12–14 Uhr geschl. Eine der letzten Blaudruckereien des Landes.

Feste & Unterhaltung

Ostsee-Oldtimer-Tage (letztes Aug.-Wochenende): Nostalgiekarossen blitzen um die Wette.

Kinder

Umwelthaus Neustädter Bucht: Am Strande 9, ganzjährig, Büro Mo–Do 9–16 Uhr. Seenadeln, Garnelen oder Flusskrebse teilen sich die Aquarien, man erfährt etwas über ökologische Zusammenhänge und lernt auf dem Fußtastpfad mit den Füßen zu ›sehen‹. Hier beginnen Führungen zum Naturschutzgebiet Neustädter Binnenwasser.

Tourismus-Service Neustadt–Pelzerhaken–Rettin: Dünenweg 7, 23730 Neustadt-Pelzerhaken, Tel. 0 45 61/70 11, Fax 0 45 61/70 13, www.neustadt-holstein.de.

Touristinformation: Am Markt 1, Tel. 0 45 61/61 95 56.

Hotel Hamburger Hof: Lienaustr. 26, Tel. 0 45 61/ 5 15 70, Fax 0 45 61/51 57 10, www.hotel-hamburger-hof.de.
Familienbetrieb in der Nähe des Hafens. DZ 52–130 €.

Hotel Wallburg: Am Heisterbusch 4, Tel. 0 45 61/5 12 20, Fax 0 45 61/

51 22 22, www.wallburg.de.
Auf dem Hochufer am Hafen, klein, aber fein, Café-Terrasse. DZ ab 110 €.
Seehotel Eichenhain: in Pelzerhaken, Strandpromenade, Tel. 0 45 61/5 37 30, Fax 0 45 61/53 73 73, www.eichenhain.de.
Am Strand, Schwimmbad. DZ ab 100 €.
Camping Seeblick:
Pelzerhakener Str. 55, Tel. 0 45 61/ 74 28, Fax 0 45 61/79 47.
An der Ostsee, Behinderten-WC, Tischtennis, sehr gute Sanitäreinrichtung.

Dolce Vita: Am Hafen 2, Tel. 0 45 61/47 69.
Italienische Küche. Gerichte 7–21 €.
Café Palmenhaus: Heidberg 1, Sierhagen, Tel. 0 45 61/55 84 12, April–Okt. 14–18 Uhr.
Selbst gebackene Kuchen in der alten Gutsgärtnerei, große Terrasse, auch Pflanzenverkauf.
Hofanlage Marienhof:
Rosengarten 50, Tel. 0 45 61/1 60 10.
Landestypische Küche. Gerichte 8–18 €. Das **Café&Kunst** im ehemaligen Stall bietet hausgemachten Kuchen und kunsthandwerkliche Ausstellungen.
Willm's Aalkate: Schiffbrücke 15, Tel. 0 45 61/91 31, Nov.–Feb. geschl.
Einfach und gut. Gerichte 8–15 €.

Mit der **Bahn** von Lübeck, nach Pelzerhaken mit dem **Bus,** von Eutin mit dem Bus.

Ziele in der Umgebung

Basilika Altenkrempe (H 6): Knapp 3 km nördlich von Neustadt errichtete der Schauenburger Graf Adolf III. eine der prächtigsten spätromanischen Kirchen des Landes. Er glaubte Lübeck für sich verloren und wollte eine neue Hafenstadt bauen lassen. Zur Gründung kam es wegen der Sumpfniederungen nicht, die gegen 1220 fertig gestellte Backsteinkirche mit mächtigem Turm aber blieb. Sie besitzt einen barocken Schnitzaltar sowie eine Kanzel aus dem 17. Jh.
Gut Hasselburg (H 6): Von Altenkrempe führt eine lange Lindenallee zu einem der schönsten spätbarocken Torhäuser Ostholsteins. Im Tor gibt es einen Laden mit Bunzlauer Keramik und eine Galerie mit Antiquitäten (im Sommer 15–18 Uhr). Das Herrenhaus aus dem 18. Jh. besitzt eine zweistöckige Treppenhalle mit umlaufender Galerie. Das Spiegelgewölbe malte der Piemonteser Johann Gottfried Simola als Scheinarchitektur. Im Herrenhaus und in der Kornscheune finden Konzerte des Schleswig-Holstein Musik Festivals statt.

Niendorf (H 7)

Der ehemalige Bauernort ist der gemütliche und familiäre Teil der Gemeinde Timmendorfer Strand. Er besitzt einen kleinen, heimeligen Hafen mit bunt bemalten Kuttern und Fischständen am Kai. Dort wird auch der Fang frisch vom Kutter verkauft. Es herrscht immer Betrieb, wie auch im benachbarten Yachthafen (Hafenmeister Tel. 0 45 03/8 67 69).

Sport & Strände

Meerwasser-Hallenbad:
Strandstr. 133, Tel. 0 45 03/54 56, meist 10–18, Do bis 20 Uhr, unbegrenzte Badezeit, Fr 18–20 Uhr Kinderdisko-Badespaß.
Segelschule Skipper:
Strandstr. 58a, Tel. 0 45 03/88 10 13, www.segelschule-skipper.de.
Kinderkurse auf Optimist und Katamaran, Schnuppersegeln.

Einkaufen

Hafengalerie Reinhold Liebe: ab 11 Uhr, Nov–April nur Sa/So, Tel. 0 45 03/8 74 33. Maritime Zeichnungen und Aquarelle.

Feste & Unterhaltung

Internationales Drachenfest (3. April-Wochenende): Hobbypiloten aus ganz Europa schätzen den guten Wind, Nachtfliegen mit beleuchteten Drachen.
Niendorfer Hafentage (1. Aug.-Wochenende): ›Kunsthandwerk und Fischbrötchen‹ rund um den Hafen.
Fischers Wiehnacht (1. Dez.-Wochenende): Museumsschiffe und Weihnachtsmarkt am Hafen.

Fremdenverkehrsverein e.V.: 23669 Niendorf, Tel. 0 45 03/22 03, Fax 0 45 03/8 72 12.
Kurbetrieb im Haus des Gastes: Strandstr. 121 a, Tel. 0 45 03/22 57, Fax 0 45 03/42 02, www.niendorf-ostsee.de.

Hotel Yachtclub: Strandstr. 94, Tel. 0 43 03/80 60, Fax 0 43 03/80 61 10, www.hotel-yachtclub.de. Wellnesscenter mit Hallenbad, Sauna, Solarium, Kegelbahn und Tischtennis. DZ 160–190 €.
Hotel Friedrichsruh: Strandstr. 65–67, Tel. 0 45 03/89 50, Fax 0 45 03/89 51 10, www.hotelfriedrichsruh.de. Blick auf die Bucht, zentral, mit Schwimmbad. DZ 80–150 €.

Altes Zollhaus: Im Hafen 1, Tel. 0 45 03/10 83. Direkter Blick auf den Hafen, besonders schön am Abend, regionale Küche. Gerichte 10–17 €.
Fischkiste: Strandstr. 56, Tel. 0 45 03/3 15 43. Frischer Fisch für verwöhnte Gaumen, abends Reservierung nötig. Gerichte 10–20 €.

Mit dem **Bäderbus** von Lübeck aus zu erreichen.

Ziele in der Umgebung

Bootsausflüge: mit der MS ›Seelöwe‹ nach Grömitz, Boltenhagen und Gothmund, Reederei Böttcher, Tel. 01 75/4 10 52 98.

Scharbeutz & Haffkrug (H 7)

Ein feiner Sandstrand und der flache Einstieg ins Meer sind ideale Voraussetzungen für einen Familienurlaub in einem der beiden Orte. Diese gehen unmerklich in einander über und haben sich zu einer Bädergemeinschaft zusammengeschlossen. Trotzdem bestehen noch spürbare Unterschiede: Der einstige Fischerort Haffkrug gilt als das älteste Seebad an der Lübecker Bucht und ist bis heute ursprünglich und familiär geblieben. Ein beliebter Treffpunkt und Klönplatz für jung und alt ist der neu gestaltete Seebrückenvorplatz.

Scharbeutz, die größere Schwester, wirkt dagegen quirliger und gibt sich moderner und lebendiger auf der Bummelpromenade. Dort kann man einkaufen, flanieren oder in einem der vielen Cafés sitzen. Abends trifft man sich an den beiden Seebrücken.

Ruhe und viel Natur versprechen Spaziergänge und Wanderungen um das Erholungsgebiet Pönitzer Seenplatte, in der Scharbeutzer Heide und der Neukoppel im Hinterland.

Sport & Strände

Ostseetherme: Scharbeutz-Timmendorfer Strand, Tel. 0 45 03/ 3 52 60, 9–23 Uhr, 1. Sa im Monat Mitternachtssauna 20–2 Uhr, 16 €, ab 22 Uhr 13 €.
Das Erlebnisbad liegt nicht nur am Meer, es ist auch wegen seiner Saunalandschaft mit Strandzugang und den Dampfbädern beliebt. Zwei große Wasserrutschen, ein Strömungskreisel und Wasserspritzen begeistern die Kinder.

Tauchsportzentrum: Scharbeutz, Strandallee 143, Tel. 0 45 03/88 99 99.
Tauchausbildung, Verleih und Verkauf von Tauchausrüstung. Schnupperkurse 25–59 €.

Feste & Unterhaltung

Zehnteles Schlotzerfest (Ende Aug.): Württembergische Weine, Festprogramm und Feuerwerk im Kurpark Scharbeutz.

Haffkruger Neptuntage (1. Sept.-Wochenende): Maritimes für Auge, Ohr und Gaumen auf der Strandallee.

Tourismus-Service Scharbeutz: Bahnhoftstr. 2, 23683 Scharbeutz, Tel. 0 45 03/ 77 09 64, Fax 0 45 03/7 21 22, www.scharbeutz.de.

Jugendherberge Scharbeutz-Klingberg: Uhlenflucht 30, Tel. 0 45 03/4 28, Fax 0 45 03/16 37, Bett 13,80–16,50 €.

Pension Dagmar: Haffkrug, Strandallee 32, Tel. 0 45 63/15 43, Fax 0 45 63/42 28 77, www.pension-Dagmar.de.
50 m zum Strand, Garten, ruhig. DZ 46–78 €.

Hotel Villa Scharbeutz: Seestr. 26, Tel. 0 45 03/8 70 90, Fax 0 45 03/ 35 12 40, www.villascharbeutz.de.
Behagliche Jugendstilvilla, Terrassen-Kaffeestübchen, Strand und Kurpark in der Nähe. DZ 70–82 €.

Hotel-Restaurant Wennhof: Scharbeutz, Seestr. 62, Tel. 0 45 03/ 3 52 80, Fax 0 45 03/35 28 48, www.hotel-wennhof.de.
Zimmer auf dem ehemaligen Heuboden, Garten mit Spiel- und Schachecke. DZ 70–104 €.

Hotel-Restaurant Göttsche: Scharbeutz, Am Hang 8, Tel. 0 45 03/ 88 20, Fax 0 45 03/88 22 00, www.hotelgoettsche.de.
Hoteleigene Treppe zum Strand, sehr ruhig. DZ 90–130 €.

Herzberg´s Restaurant: Scharbeutz, Strandallee 129, Tel. 0 45 03/7 41 59.
Holsteinische Küche, Terrasse. Gerichte 10–19 €.

De ole Fischschuppen: an der Haffkruger Seebrücke, Tel. 0 45 63/13 57.
Große Terrasse, Fisch und mehr. Gerichte 10–17 €.

Café-Häuschen: Haffkrug, Strandallee 23.
Milchreis, Eis und Kuchen.

Ab Lübeck mit dem **Bäderbus** oder der **Bahn**.

Fischlehrpfad

Die Promenade in Haffkrug säumen Informationstafeln über die Meeresbewohner der Ostsee. Äußerst ›hörenswert‹ ist die kostenlose Führung des Fischmeisters Kuno Geberbauer. Treffpunkt der Tour ist an der Seebrücke, nähere Infos erteilt die Touristeninformation.

10

Highlight

Schleswig (B/C 3)

Schleswig zählt zu den ältesten Städten Nordeuropas – 2004 beging sie die 1200-Jahr-Feier (aufgrund der Ersterwähnung 804). Sie ist ein Zentrum der Kultur und eine wahre Fundgrube für Kunstfreunde, vor allem wegen des Doms mit dem Bordesholmer Passionsaltar aus dem 16. Jh. und Schloss Gottorf, das im 17. Jh. geistiger und künstlerischer Mittelpunkt des Landes war. Aber nicht nur die Altstadt, die malerische Fischersiedlung Holm und das St.-Johannis-Kloster locken die Besucher in die 25 000 Einwohner zählende, beschauliche Kreisstadt, sondern auch die moderne, belebte Fußgängerzone.

Sehenswert

St.-Petri-Dom:
Mai–Sept. So 13.30–17, Mo–Fr 9–17 Uhr, Okt.–April 10–16 Uhr.
Bis etwa 1270 wurde die romanische Basilika zur gotischen Hallenkirche umgebaut und bis zum 15. Jh. erweitert. Im Norden fügte man den Schwahl (dän.: kühl) an, einen Prozessionskreuzgang (1310–20) mit Wandmalereien zur Lebensgeschichte Jesu. Hans Brüggemann schnitzte sieben Jahre lang die fast 400 Figuren des Bordesholmer Passionsaltars. Die Dreikönigsgruppe (um 1300) besticht durch den ausdrucksstarken Gesichtsausdruck der lebensgroßen Maria mit dem Kinde (Mai–Sept. Mi Orgel- und Chorkonzerte).

Adelshöfe und ein Kloster: In unmittelbarer Nähe des Doms stehen die stattlichen Häuser ehemaliger Bediensteter von Schloss Gottorf: Das **Königsteinsche Palais** war ursprünglich Bischofssitz und beherbergt inzwischen das Landesbauamt; etwa 300 Jahre älter (1798) ist der **Plessenhof**, in dem heute die Touristeninformation untergebracht ist.

Das klassizistische **Rathaus** (1794/95) wurde auf den Fundamenten der Franziskanerkirche St. Paul vom Anfang des 13. Jh. errichtet. Das angrenzende **Kloster** mit mittelalterlichen Fresken ruht auf Resten des dänischen Königshofs aus der Mitte des 12. Jh. Wegen der grauen Kutten der Mönche nannten es die Schleswiger ›Graukloster‹ (Mo–Fr 8.30–12, Do 14.30–18 Uhr).

Der Holm: Hauptanziehungspunkt der Fischersiedlung ist die Kapelle von 1876 inmitten des runden Friedhofs. Er gehört der ›Holmer Beliebung‹, einer 1650 gegründeten Totengilde, und ist umgeben von meist einstöckigen Fachwerk- oder Backsteinhäusern aus dem 18./19. Jh. Die geteilten ›Klöndören‹ laden zu einem Schwätzchen (Klönschnack) ein. Näheres findet man im **Holm-Museum** (tgl. 10–18 Uhr). Das ehemalige Benediktinerinnenkloster **St. Johannis** aus dem späten 12. Jh. ist heute ein Damenstift. Sehenswert ist das mit Ranken und Fabelwesen verzierte Chorgestühl, der mittelalterliche Kreuzgang sowie der liebevoll gestaltete Bibelgarten (Besichtigung nach Absprache, Tel. 0 46 21/2 42 36).

Schloss Gottorf:
April–Okt. tgl. 10–18 Uhr, Nov.–März Di–Fr 10–16, Sa/So 10–17 Uhr.
Von der Wasserburg Bischof Occos (um 1161) entwickelte sich Gottorf zum größten Schloss Schleswig-Holsteins und zum Regierungssitz des Landes. Vor allem Herzog Johann Adolf von Schleswig-Holstein-Gottorf (1544–86) sowie Friedrich III. (1616–59) machten das Schloss zu einem kulturellen Zentrum, in dem Wissenschaft und Kunst gefördert wurden.

Nach 1945 zog die Stiftung Schleswig-Holsteinische Landesmuseen in Schloss Gottorf ein, mit Archäologie sowie Kunst- und Kulturgeschichte aus sechs Jahrhunderten. Besondere Attraktionen sind das Nydam-Ruderschiff aus der Wikingerzeit, die Moorleichen aus dem Windebyer Moor bei Eckernförde sowie die Gutenberg-Bibel von 1452/54.

Im barocken Schlossgarten (Neuwerk) dreht sich wieder die Nachbildung der historischen Weltkugel von Adam Olearius, die 1714 dem russischen Zaren zum Geschenk gemacht wurde. Das Globus-Haus ist schlicht gestaltet und doch raffiniert der Umgebung angepasst. Das **Volkskunde-Museum** auf dem Hesterberg widmet sich Land und Leuten Schleswig-Holsteins (gleiche Öffnungszeiten).

Stadtmuseum:
Friedrichstr. 9–11, Di–So 10–17 Uhr. Der ehemalige Adelssitz Gründerothsche Hof zeigt Exponate zur Geschichte von Schleswig wie eine Spielzeugsammlung der Jahrhundertwende, eine historische Druckerei sowie Werke von Malern und Bildhauern aus den letzten drei Jahrhunderten. Angeschlossen ist das **Teddybär-Haus,** in dem historische Bären in Szenerien zu bestaunen sind.

Highlight 11

Wikinger-Museum Haithabu:
Haddeby bei Schleswig, April–Okt. tgl. 9–17, Nov.–März Di–So 10–16 Uhr; Pendelboote ab Stadthafen, Mai–Sept. tgl. 11.30–16.30 Uhr, stdl.

An historischer Stätte erfährt man alles über die 200-jährige Geschichte der rauen Wikingerfürsten, aber auch der Siedler, Entdecker und Kaufleute. Mit dem Aufbau eines Wikingerschiffes werden die Eroberungsfahrten für Besucher lebendig.

Führungen & Rundfahrten

Führungen: durch die Altstadt, für Kinder ›Schleswig in der Ritterzeit‹ und ›Hexen, Heiler, Scharlatane‹, zum Grau- und St.-Johannis-Kloster, Abendbummel durch die Altstadt mit Brauereiführung, Mai–Ende Sept., Treffpunkt bei der Touristeninformation.

Schleswiger Hafenrundfahrten: Abfahrt vom Stadthafen, Tel. 0 46 21/2 75 30, Mo–Do 16.30–18.30, Fr 15.30–18.30, Sa/So 14–18.30 Uhr.

Sport & Strände

Freibad: Luisenbad (in der Schlei), Strandweg, bewacht Juni–Ende Aug. Mehrere **Bootsverleihe** am Jachthafen (Wikingeck), Kanuverleih: Kai Jost (Seminarweg 18, Tel. 0 46 21/85 08 06).

Wikingertage

Seit 1986 lässt Schleswig in allen geraden Jahren am ersten August-Wochenende drei Tage lang seine ehemaligen Bewohner ›wieder auferstehen‹. Die Wikinger werden nicht nur als Krieger, sondern als Händler, Handwerker und Seefahrer gezeigt. Auch in ungeraden Jahren kann man an vier Wochenenden im Sommer und im November im Museum Haithabu (s. o.) Wikingerleben nachspüren und das dunkle Original-Wikinger-Bier probieren.

Radverleih: Splettstößer, Bismarckstr. 13, Tel. 0 46 21/2 41 02.

Einkaufen

Der **Stadtweg** ist die moderne Einkaufsstraße; kleinere, alteingesessene Geschäfte findet man um den Kornmarkt.

Keramikstube: Am Rathausmarkt 14, Tel. 0 46 21/2 47 57.
Ehemalige Hofapotheke, Kunsthandwerk, stöbern bei einer Tasse Tee.

Ausgehen

Es gibt einige nette Kneipen in der Altstadt und beim Theater, wie z. B. das

Patio: Lollfuß 3,
Tel. 0 46 21/2 99 99.
Biergarten, Sonntags-Frühstücksbuffet.

Feste & Unterhaltung

Gottorfer Landmarkt (Anfang Mai): Großer Öko-Bauernmarkt vor historischer Kulisse, am Tag des internationalen Denkmals.

Totengilde-Fest: zwei Wochen nach Pfingsten zwei Tage lang Festlichkeiten und Umzüge im Viertel Holm.

Twiebakken-Regatta (Ende Aug.): Wettsegeln der Fischerkähne am Holmer Hafen (s. S. 20).

Schleswiger Jazz-Herbst (Ende Sept. –Anfang Dez.): Informationen und Karten: Die Eule, Tel. 0 46 21/2 40 72, oder Buchhandlung Liesegang, Tel. 0 46 21/2 82 18.

Schwahl-Markt: Weihnachtsmarkt im Kreuzgang des St.-Petri-Doms (s. S. 20).

Das Schleswiger **Theater,** Lollfuß 53, spielt von Mitte Sept. bis Ende Mai.

Schlossfestspiele und **Konzerte** im Innenhof des Schlosses, Theaterkasse Tel. 0 46 21/2 59 89.

Touristeninformation:
Plessenstr. 7, 24837 Schleswig,

im Hafen der einstigen Fischersiedlung Holm

Tel. 0 18 05/88 00 07, Fax 0 46 21/ 98 16 19, www.schleswig.de.

Nordmark-Jugendherberge: Spielkoppel 1, Tel. 0 46 21/2 38 93, Bett 13,80–16,50 €.

Hotel Schleiblick: Hafengang 4, Tel. 0 46 21/2 34 68. Gemütliches Hotel in der Altstadt mit Blick auf die Schlei. DZ 63–68 €.

Hotel Alter Kreisbahnhof: Königstr. 9, Tel. 0 46 21/3 02 00, Fax 0 46 21/30 20 10, www.hotel-alter-kreisbahnhof.de. Im Zentrum, sehr komfortabel, behinderten- und allergikergerecht, DZ ab 85 €, Familienzimmer 125 €.

Strandhalle: Strandweg 2, Tel. 0 46 21/90 90, Fax 0 46 21/ 90 91 00. Am Ufer der Schlei, Schwimmbad, hausgemachter Kuchen. DZ 93–115 €.

Hotel-Restaurant Waldschlösschen: Kolonnenweg 152, Tel. 0 46 21/38 30, Fax 0 46 21/ 38 31 05, www.hotel-waldschloesschen.de. Am Stadtrand, Hallenbad, Sauna, Solarium. DZ 107–120 €.

Bed & Breakfast: Töpferstr. 9, Tel. 0 46 21/48 59 92, www.bb-schleswig.de. In der Altstadt, individuell, liebevoll gestaltete Zimmer im renovierten, 800 Jahre alten Stadthaus, sehr freundliche Besitzerin. DZ ab 70 €.

Dom-Restaurant und Café: Rathausmarkt 17, Tel. 0 46 21/2 76 09. Wintergarten, Wildspezialitäten. Gerichte 7–17 €.

Fischrestaurant Schleimöwe: Süderholmstr. 8, Tel. 0 46 21/2 43 09. Frische Fischspezialitäten. Gerichte 8–16 €.

Olschewski´s: Hafenstr. 40, Tel. 0 46 21/2 55 77. Fischspezialitäten. Hauptgerichte 11–23 €, 3-Gänge-Menü 28 €.

Holm Café: Süderholmstr. 15, Tel. 0 46 21/2 09 27, Mo Ruhetag. Hausgemachte Torten, z. B. Buchweizen- oder Eierlikörtorte.

Café Canapé: Stadtweg 56, Tel. 0 46 21/85 07 58. Gemütliches Antik-Café in der Fußgängerzone.

Mit der **Regionalbahn** von Flensburg, Kiel und Hamburg aus erreichbar. Vom **Busbahnhof** fahren Busse in die Umgebung (Tel. 0 46 21/9 80 98).

Schleifahrten: A. Bischoff, Gottorfer Damm 1, Tel. 0 46 21/2 33 19 u. 0 46 21/5 16 84; Mitte Juni–Sept. nach Ulsnis oder Kappeln-Schleimünde, Tel. 0 46 21/80 14 50 (s. auch Tour 2, S. 110f.).

Ziele in der Umgebung

Danewerk Museum (B 3): Ochsenweg 5, 15. Feb.–25. März und 26. Okt.–30. Nov. Di–So 10–16 Uhr, 26. März–25. Okt. Di–Fr 9–17, Sa/So 10–18 Uhr.

Im 8. Jh. erbauten die Dänenkönige eine 30 km lange Erdbefestigung als Wehr gegen das Frankenreich. Dem Wallabschnitt bei Danewerk wurde um 1170 die Waldemarsmauer aus Millionen von Ziegelsteinen vorgesetzt. Zu einem Mauerrest führt ein Fußweg vom Museum aus.

Freizeitferienpark Tolk-Schau (C 3): Finkmoor 1, Tel. 0 46 22/9 22, www.tolk-schau.de, Ostern–Herbstferien tgl. 10–18 Uhr, Einlass bis 16 Uhr, Erw. 13,50 €, Kinder ab 90 cm Körpergröße 12,50 €.

Zu den Attraktionen des Familienfreizeitparks zählen Märchenwald, Achterbahn, Bootsrutschen, Sommerrodelbahn, Minigolf, das Tal der Dinosaurier sowie naturkundliche Lehrschauen und ein Streichelzoo. Es gibt ein Restaurant und Grillhütten, die man mieten kann (Reservierung Tel. 0 46 22/20 84).

Naturerkundungsfahrt: Tour auf der Schlei zu einem der Fischer, ab Hafen Schleswig, ca. 2 Std., Tel. 01 70/7 76 98 57, Erw. 8 €, Kinder (6–12 J.) 5 €.

Schleidörfer Brodersby (C 3) und **Lindau (D 3):** s. Tour 2, S. 111.

Sieseby (D 3): Das romantische Sieseby mit den reetgedeckten Fachwerkhäusern aus dem 19. Jh. steht als Dorf unter Denkmalschutz. Die Feldsteinkirche beeindruckt mit dem Triumphkreuz aus dem 12. Jh. sowie Resten der Ausmalung und der mit biblischen Reliefszenen geschmückten Kanzel von 1592. Der Schlie-Kroog im ehemaligen Pastorat ist eines der feinsten Restaurants im Lande (Mo Ruhetag, Okt.–März Mo/Di geschl., Fischsuppe und Wildgerichte, Hauptgerichte 13–25 €, Menüs um 46 €). Von dort führt ein 2 km langer Wanderweg an der Schlei nach Osten zum Gut Bienebek aus dem 19. Jh.

Schönberg (F 4)

Die nette Kleinstadt (6500 Ew.) ist seit 1259 Mittelpunkt der Probstei, dem ehemaligen Grundbesitz des Preetzer Klosters nordöstlich von Kiel. Kunstvolle Hausfassaden zeigen, dass es die Bewohner zu gewissem Wohlstand brachten. Die Schönberger Kirche hingegen ist ein schlichter, spätbarocker Backsteinsaalbau. Auf dem Turm thront als Windfahne ein Barsch – das Wappentier der Familie von Barsbeke aus dem Nachbarort Barsbek, dessen Dorfanger im März zur Krokusblüte einen farbenprächtigen Anblick bietet. Schönberg ist heute Einkaufszentrum und Ausgangspunkt für die Fahrten in die Probstei und an den nahen Strand.

Sehenswert

Probstei-Museum: Ostseestr. 8, 15. Mai–30. Sept. Di–So 14–17,

Do auch 10–12 Uhr, Okt. Di, Do, So 15–18 Uhr.
In dem typischen Probsteier Bauerhof sieht man Arbeitsalltag und Kultur der Bewohner im 18. und 19. Jh. Ein bunter Bauerngarten ergänzt das Bild. Das Museum bietet historische (Rad-)Wanderungen in die Probstei an und für Kinder Aktionen wie Buttern, Seildrehen, Drechseln, Trachtenschmuck etc.
Kindheitsmuseum:
Knüllgasse 16, Juni–Mitte Sept., Di–So 14–18, Do auch 10–12 Uhr.
100 Jahre spielen, kleiden und lernen. Spiele der Großeltern können ausprobiert werden.

Sport & Strände

Strand: Die exotisch klingenden Abschnitte **Brasilien** und **Kalifornien** bieten reinen Badespaß. Im Sommer wird der Strandabschnitt an Buhne 31 zum Spielen freigegeben, etwa für Beach-Volleyball. Der kilometerlange, befestigte Deichweg eignet sich hervorragend zum Inline-Skaten.
Wassersport Brasilien: Holm, am Strand, Buhne 33–34, Tel. 04 31/7 80 28 46, Mai–Sept. 10–18 Uhr, Surfen, Segeln, Wasserski, Wasserbanane etc.
Angeln: Die Seebrücke lädt nicht nur zum Flanieren ein, man kann dort auch angeln (20–6 Uhr, mit Fischereischein).

Einkaufen

Metallgestaltung Heiko Voss: s. Tour 3, S. 113.
Kunsthandwerkerhaus: s. Tour 3, S. 113.

Feste & Unterhaltung

Probsteier Korntage (Ende Juli–Ende Aug.): Veranstaltungen ›Rund ums Korn‹ (s. S. 19).
Mittelalterliches Spektakel (Anfang Aug.): in Preetz, Am Wehrberg, Tel. 0 43 42/8 60 33, Händler, Schausteller und Mitmach-Aktionen.

Tourist-Service Ostseebad Schönberg: Käptn's Gang 1, 24217 Schönberger Strand, Tel. 01805/18 38 00, Fax 0 43 44/ 41 41 14, www.schoenberg.de; An der Kuhbrücksau 2, 24217 Kalifornien, Tel. 0 43 44/ 18 38, Fax 0 43 44/41 55 67.
Tourismusverband Probstei e. V.: Knüll 4, 24217 Schönberg, Tel.01805/30 61 63, Fax 0 43 44/ 30 62 50, www.probstei.de.

Jugendherberge: Stakendorfer Weg 1, Tel. 0 43 44/29 74, Fax 0 43 44/ 44 84, Bett 14,80–17,50 €.
Hotel Stadt Kiel: Markt 8, Tel. 0 43 44/30 51-0, Fax 0 43 44/ 30 51 51, www.hotel-stadt-kiel.de.

Mit der Museumsbahn unterwegs

Von Juli bis Anfang September startet samstags eine Rundfahrt über die Kieler Förde mit der ›MS Heikendorf‹ von der Bahnhofsbrücke in Kiel bis zur Seebrücke Schönberger Strand und mit der Museumsbahn ›Hein Schönberg‹ zurück zum Bahnhof Kiel oder umgekehrt. (www.VVM-museumsbahn.de, Erw. 12 €, Kinder 6 €, Kartenverkauf an Bord der ›MS Heikendorf‹ oder im Touristikbüro Schönberg). Am alten Bahnhof am Schönberger Strand stehen und fahren historische Waggons und Straßenbahnen (Am Schierbek 1, Tel. 0 43 44/23 23, Sa/So Ostern sowie Ende Mai–Mitte Sept.)

Schön restauriert, gutes Essen im Restaurant. DZ 72 €.

Hotel-Restaurant Gasthaus Kalifornien: Kalifornien, Deichweg 3, Tel. 0 43 44/3 05 80, Fax 0 43 44/ 30 58 52, www.hotel-gasthaus-kalifornien.de.
Familiäres Hotel mit gemütlicher Terrasse, Garten und eigener Konditorei. DZ 80 €.

Camping Ferienpark California: Kalifornien, Deichweg 46-47, Tel. 0 43 44/95 91, Fax 0 43 44/ 48 17, www.camping-california.de.
Hinter dem Deich, Warmwasser frei.

Seestern: Kalifornien, Seesternweg, hinter dem Deich, Tel. 0 43 44/14 65.
Fischrestaurant und Strandcafé, eigene Kutterfischerei, hausgemachter Kuchen. Gerichte 7–16 €.

Café-Restaurant Strandläufer: Kalifornien, Große Heide 6, Tel. 0 43 44/41 54 64.
Kleine Terrasse, viel Spielzeug, hausgemachter Kuchen. Gerichte 8–15 €.

Kaffeehaus: Am Markt, Tel. 0 43 44/41 39 30, in der Nebensaison Mi Ruhetag.
Sonn- und feiertags erweitertes Frühstücksbuffet mit warmen Gerichten (12,50 €).

Oma's Kaffeestuuv: Schönberger Strand, Promenade 15, Tel. 0 43 44/41 51 02.
Reetgedeckte Kate aus dem 17. Jh., Pfannkuchen und Kuchen.

Am Schönberger Strand

Busse nach Kiel, Laboe, Plön, Preetz und Lütjenburg.

Ziele in der Umgebung

Straußenfarm Ostseeblick (G 4): Hohenfelde, Ostseering 11, Tel. 0 43 85/9 07, tgl.10–18 Uhr. Interessante Zucht von Blauhalsstraußen in weitläufigem Gelände, Laden mit Fleisch, Wurst, Eiern, Federn etc. von Straußen.

Preetz (F 5): Der Luftkurort konnte viel von seinem alten Stadtbild mit Fachwerkhäusern bewahren. Eines der schönsten ist das Heß'sche Haus (Lange Brückstr. 22), ein Giebelhaus aus dem 17. Jh. mit verzierter Rokokotür, heute Apartmenthotel mit gemütlicher Cafëstube (Mo Ruhetag, im Sommer auch im Garten). Der Beiname ›Schusterstadt‹ erinnert daran, dass Preetz früher ein Handelszentrum war, das vor allem Schuster anzog. Heute ist die Holzschuhmacherei Lorenz Hamann (s. Tour 3, S. 112) die einzige verbliebene am Ort. Ende Mai wird das Schusterfest gefeiert (s. S. 19).

Sehenswert ist das **Erste Circus-Museum** Deutschlands mit Requisiten von berühmten Artisten und funktionsfähigen Modellen von Zirkuszelten (Mühlenstr. 14, Sa/So 15–18, So auch 10–12 Uhr). Der **Preetzer Klosterhof** (heute Adelsstift) ist ein Ort der Stille mitten in der Stadt. Die schönsten Stücke der Klosterkirche (bis 1340 errichtet) sind der Nonnenchor mit gotischem Gestühl und der St.-Annen-Altar aus dem 16. Jh. (Führung: tgl. 15 Uhr, Mitte Mai–Mitte Sept. Di/Mi, Fr auch 11 Uhr).

Schifffahrt nach Marstal auf Æro/ Dänemark: Mai–Aug., Tagesausflug, 10–18.30 Uhr, 4 Std. Landaufenthalt, ab Schönberger Brücke, Erw. 24 €, Kinder bis 12 Jahre 16 € (Personalausweis!).

Sierksdorf (H 6)

Der alte Ortskern von Sierksdorf (1400 Ew.) bietet noch Ursprüngliches. Vom Haus des Gastes, neben dem ein Abenteuerspielplatz liegt, führt ein Pfad über die Steilküste an den Strand. Hier kann man abseits vom Trubel baden und sich sonnen. Das Sierksdorf an Strand und Promenade zieht Badenixen und Wassersportler an.

Der Maler Karl Schmidt-Rottluff (1884–1976), Mitbegründer der Künstlergemeinschaft ›Die Brücke‹, verbrachte mehrere Sommer in Sierksdorf und malte dort viele seiner Spätwerke. Die Broschüre ›Stummer Rundgang‹ zeigt die Motive seiner Bilder.

Sehenswert

Erstes Deutsches Bananenmuseum: Professor-Haas-Str. 59, Sa/So 11–13 Uhr.
Etwa 10 000 Exponate rund um die krumme Frucht.

Sport & Strände

Panoramic Schwimmbad:
Tel. 0 45 63/7 12 17, meist 8–10, 14–18 Uhr, in der Nebensaison nur nachmittags.
Surfen: Axel Sommer, am Strand gegenüber Hotel Hof Sierksdorf, Wochenend-, Aufbau- und Kinderkurse, Infos über das Tourist-Büro.
Radwandern: 38 Touren durch Ostholstein, Karte im Tourist-Büro (5,95 €).

Feste & Unterhaltung

Saisoneröffnung (Mitte Mai): Spiele, Musik und kulinarische Köstlichkeiten.
Malkurse: für Anfänger und Fortgeschrittene mit Klaus Mengede, Auskunft bei der Tourist Information.

Tourist Information:
Vogelsang 1, 23730 Sierksdorf, Tel. 0 45 63/4 78 99-0, Fax 0 45 63/ 4 78 99 18, www.sierksdorf.de.

›Mein Heim‹:
Bergstr. 6, Tel. 0 45 63/81 70, Fax 0 45 63/47 82 61, www.hod.de/ pension-mein-heim.
Gemütliche Nichtraucher-Frühstückspension, Strandkorb inkl. DZ 36–50 €.
Gästehaus Schäferkate:
Vogelsang 28, Tel. 0 45 63/82 96, www.schaeferkate.de.
Großer Garten, zu Fuß 8 Min. zum Strand. DZ 50–60 €.

Essen & Trinken

Bei den **Fischbuden** am Strand gibt es am Wochenende fangfrischen Fisch.
Restaurant-Hotel Seehof:
Gartenweg 30, Tel. 0 45 63/82 40.
Holsteinische Küche, Seeblick. Gerichte 11–20 €.

Von Lübeck mit der **Bahn** und dem **Bus** zu erreichen.
Flugplatz: Flugplatz Hof Altona, 1 km westl. von Sierksdorf, Tel. 0 45 63/ 83 41, es werden auch Rundflüge angeboten.

Ziele in der Umgebung

Hansapark (H 6):
Am Fahrenkroog 1, Tel. 0 45 63/47 40, Ostern–Okt. 9–18 Uhr, Erw. 19,50 €, Kinder bis zu 14 Jahren 17,50 €, freier Eintritt für Geburtstagskinder.
Der größte Vergnügungspark Norddeutschlands im Norden von Sierksdorf lockt mit Varieté, Looping-Bahn, ›Fliegendem Hai‹ und Karussell nach einem Vorbild aus dem 18. Jh. u. v. m. Im Flugsimulator gleitet man durchs All, und beim freien Fall im ›Sturmvogel‹ braucht man starke Nerven. Aus 100 m Höhe bietet der Holstein-Turm einen weiten Rundumblick.
Holsteinische Schweiz (F/G 5/6):
Die malerische Landschaft mit ihren Wäldern, sanften Hügeln, Wiesen und Seen haben schon die Adeligen und Fürsten des 17. Jh. für sich entdeckt. Zwei Schlösser, zahlreiche Herrenhäuser mit herrlichen Landschaftsparks und der **Bungsberg,** der 167 m hohe ›Gipfel‹ Schleswig-Holsteins, prägen dieses idyllische Fleckchen Erde, in dem auch Schriftsteller, Musiker und Maler ihre Spuren hinterlassen haben. Die Ausgewogenheit zwischen Kultur-, Aktiv-und Kururlaub ist der größte Reiz des Naturparks mit den fast 200 Seen.

Eine Wanderkarte führt durch das Gebiet und zu den Orten **Plön** mit Schlossgebiet und St. Johanniskirche, **Bosau** mit der 850 Jahre alten Feldsteinkirche St. Petri, den ruhigen Kurort **Bad Malente-Gremsmühlen** mit einer der wenigen Glasbläsereien des Landes. (s. Tour 3, S. 113) und nach **Eutin** mit dem wunderschön restaurierten Schloss, dem herrlichen Schlossgarten mit Arboretum (Ostern–Okt. 11–16 Uhr, stdl. nur mit Führungen) und dem Ostholstein-Museum (Schlossplatz 1, Okt.–Jan., März Di–So 15–17, Do, So auch 10–12, April–Sept. Di–So 10–13, 14–17, Do bis 19 Uhr).

Die Eutiner Festspiele (Mitte Juli–Aug., Kartenbestellung: Markt 19, Tel. 0 45 21/70 97 34) und die Eutiner Webertage (Sept.–Nov.) ehren den Komponisten Carl Maria von Weber (1786–1826). Bei der Wanderung zur **Bräutigamseiche,** deren Astloch als Briefkasten für Verliebte dient, kann man seinen Gruß an Unbekannte hinterlassen (Post an ›Die Bräutigamseiche, Dodauer Forst, 23701 Eutin‹).

Kutschfahrten: Bei der Tour durch Ostholstein erzählt der Kutscher gern über Land und Leute, Information über die Tourist Information.

Strande (E 4)

Im Hafen ankern Fischerboote neben kleinen und großen Jachten. An der Promenade sitzt man an Kiosken oder in Pavillons mit Blick aufs Meer oder isst in einem der Restaurants Strander Butt. Der flache, saubere Strand lädt zum Baden ein.

Einer der schönsten Leuchttürme des Landes liegt gut eine Viertelstunde zu Fuß entfernt. 97 Stufen steigt man bis zur Plattform des **›Hein Bülk‹** mit Rundumblick auf die Förde. Nach seinem Umbau im Jahr 1969/70 dient der Leuchtturm als Orientierungsfeuer, mit einer schwarzen Bauchbinde versehen. Eine Bilder-Ausstellung zeigt die Entwicklung des Turmes. Im Turmzimmer können Hochzeiten und Taufen vollzogen werden. (Tel. 0 43 49/92 64 oder 0 43 49/90 95 64, Mai–Sept. Di–So 11–17 Uhr oder nach Vereinbarung).

Sport & Strände

Fahrradverleih:
Hamann Klaus-Groth-Str. 5,
Tel. 0 43 49/85 54, April–Sept.
Auch Kindersitze und Bollerwagen.

Tourist-Information Strande: Strandstr. 12,
24229 Ostseebad Strande,
Tel. 0 43 49/2 90, Fax 0 43 49/
90 99 74, www.strande.de.

Ostseehaus Bünger:
Dorfstr. 7, Tel. 0 43 49/80 70,
Fax 0 43 49/8 07 80, www.ostseehaus-buenger.de.
Exklusiv, sehr schöne Bäder, Apartments für 1–3 Personen. Ap. 55–139 €.

Strandhotel: Strandstr. 21,
Tel. 0 43 49/9 17 90, Fax 0 43 49/
91 98 40, www.strandhotel.de.
Strandblick, gediegene Atmosphäre, Sauna. DZ 105–140 €.

Restaurant Yachthafenhotel: Rudolf-Kinau-Weg 2,
Tel. 0 43 49/80 80.
Blick auf den Jachthafen, Fischspezialitäten. Gerichte 9–21 €.

Atelier Café: Dorfstr. 6,
Tel. 0 43 49/12 98.
Köstliche Kleinigkeiten, hausgemachter Kuchen.

Strand Bistro Bruno:
Strandstr. 28, Tel. 0 43 49/92 11.

Pikante Fischgerichte und Salate, im Winter Fr/Sa 17.30–22, So 12–22 Uhr.

Bus oder **Fördedampfer** vom Hauptbahnhof in Kiel.

Ziele in der Umgebung

Ausflugsfahrt nach Maasholm (s. S. 64): mit der ›MS Nordland‹, U. Pingel GmbH, Dänischenhagener Str. 15, Tel. 0 43 49/83 34, im Sommer 10–17 Uhr, 2 Std. Landaufenthalt.

Timmendorfer Strand (H 7)

Der erste Kurgast kam 1865, 20 Jahre später wurde das erste Hotel eröffnet. Heute finden die Gäste in dem ›Nobelort‹ neben den Kuranlagen mit der Trinkkurhalle, in der man Meerestiefwasser mit und ohne Orangensaft erhält, alte Villen, Hotels, Restaurants, Cafés und Boutiquen. Mitten durch die Fußgängerzone verläuft der markierte 54. nördliche Breitengrad. Den 8 km langen Sandstrand säumen Dünen, Heckenrosen und die baumbestandene Promenade. Den schönsten Blick auf den Ort und die Umgebung hat man von der Seebrücke. Vor allem an den Wochenenden trifft sich am Strand und auf der Promenade der Jet-Set.

Sport & Strände

Radtour: ca. 20 km um den Hemmelsdorfer See herum, vom Vogelpark aus. Mehrere Einkehrmöglichkeiten, Infos und Karte im Touristik-Büro.

Timmendorfer Strand: Ein 8 km langes Badeparadies

Golf: Golfplatz Overdiek, Tel. 0 45 03/51 52, www.gctimmendorferstrand.de. Zwei 18-Loch-Plätze.

Einkaufen

Einkaufsmöglichkeiten gibt es am Alten Rathaus mit **Boutiquen** und **Fotohaus** sowie an der Kurpromenade.

Feste & Unterhaltung

Mittsommerfest (Mitte Juni): am Hemmelsdorfer See mit Lagerfeuer, Schlauchbootrennen, Musik und Fische satt.
Deutsche Beach-Volleyball Meisterschaften (Aug./Sept.): an der Seebrücke, Endspiele, Party rund herum.
Silvester-Party: auf der und rund um die Maritim-Seebrücke, außerdem Riesenparty am Strand.

Kinder

Sea-Life: Kurpromenade 5, Infoline Tel. 0 45 03/35 88 88, tgl. (außer 24. Dez.) 10–18, im Sommer 10–19 Uhr, Erw. 10 €, Kinder (4–16 Jahre) 6,50 €, Familienermäßigungen.
Im Riesenaquarium tummeln sich die Lebewesen der Nord- und Ostsee, im 8 m langen Plexiglastunnel steht man Haien Aug in Aug gegenüber.
Vogelpark und Eulengarten: An der Aalbeek, tgl. 9–19 Uhr, Nov.–März geschl.
Wenige Meter von der Ostsee entfernt leben Pelikane, Papageien, Greifvögel, Störche, Kraniche, Enten und die meisten Eulenarten Europas in einer natürlichen Schilflandschaft. Ein Pavillon mit Café-Terrasse lädt zum Imbiss ein.

Tourist-Service: Timmendorfer Platz 10, 23669 Timmendorfer Strand, Tel. 0 45 03/3 57 70, Fax 0 45 03/35 77 88, www.timmendorfer-strand.de.

Hotel Villa Gropius und **Villa Röhl:** Strandallee 50–52, Tel. 0 45 03/ 8 70 30 u. 0 45 03/44 66, Fax 0 45 03/87 03 40 u. 0 45 03/ 3 11 56, www.villagropius.de, www.villaroehl.de.
Auffallend schöne historische Häuser, modern eingerichtet, Sauna, Schwimmbad, gemütliche Atmosphäre, DZ 70–140 €.
Villa Möwenstein: Friedrich-August-Str. 6, Tel. 0 45 03/3 55 50, Fax 0 45 03/35 55 10, www.villamoewenstein.de.

Ruhige Frühstücks-Pension, Fahrräder und Sportgeräte kostenlos. DZ 50–70 €.

Seeschlösschen Hotel:
Strandallee 141, Tel. 0 45 03/ 60 11, Fax 0 45 03/60 13 33, www.seeschloesschen.de.
Stilvoll-komfortabel, Wellness-Bereich (Sauna, Schwimmbad, Fitness, Reiki etc.). DZ 135–225 €.

Landhaus Carstens:
Strandallee 73, Tel. 0 45 03/60 80, Fax 0 45 03/6 08 60, www.landhaus carstens.de.
Edle Einrichtung, Sauna und Schwimmbad, Fitness, Zugang zum Strand. DZ 105–195 €.

Restaurant Seelord:
Timmendorfer Platz 7, Tel. 0 45 03/13 68, Mi Ruhetag, Nebensaison ab 17 Uhr geöffnet.
Rustikal-gemütlich, Galionsfiguren schaffen Segelschiff-Ambiente. Gerichte 10–14 €.

Café Engel's Eck:
Timmendorfer Platz, Tel. 0 45 03/20 58.
Das Café am Ort.

Von Lübeck mit der **Bahn** oder dem **Bus.**

Ziele in der Umgebung

Hemmelsdorfer See (H 7): Sein Grund mit 44,5 m unter NN gilt als tiefster Punkt Deutschlands. Duftende Feuchtwiesen und schilfbewachsene Ufer laden zum Spaziergang ein. Am hölzernen Aussichtsturm Hermann-Löns-Blick soll der Heidedichter oft gesessen haben. In der Aalräucherei Schierbaum (Tel. 0 45 03/29 10) wird noch geräuchert. Man sitzt im gemütlichen Gartenlokal oder leiht sich ein Boot. Wunderbar erholen kann man sich in der Backhaus-Sauna in Wilmsdorf (See-Ostseite) direkt am See (Tel. 0 45 02/7 41 70, Mo–Fr 14–22, Sa/So 10–20 Uhr).

Highlight 12

Travemünde (H 7)

Lübecks ›schönste Tochter‹ (13 000 Ew.) wurde 1187 von Graf Adolf III. von Schauenburg als Stützpunkt an der Travemündung gegründet. Über Jahrhunderte hinweg lebten die Travemünder vom Fischfang und der Schifffahrt. Das alte Travemünde mit den kleinen Fachwerkhäusern aus dem 16. Jh. findet man noch um die St.-Lorenzkirche herum, etwa in der Jahrmarktstraße. Nach dem Bau des Kurhauses Anfang des 19. Jh. avancierte Travemünde zum mondänen Seebad mit Gästen wie Joseph Freiherr von Eichendorff, Matthias Claudius, Emanuel Geibel, Clara Wieck und Thomas Mann.

Nicht nur zur Travemünder Woche traf und trifft man sich an der belebten Strandpromenade und in der Vorderreihe. Die Uferstraße mit der hübschen Häuserzeile ist eine Flaniermeile mit Hotels, Restaurants und Boutiquen. Man blickt auf die viel befahrene Travemündung und die Halbinsel Priwall jenseits der Trave, an dem eine der letzten großen Windjammer festgemacht hat.

Sehenswert

Vogteigebäude: Vorderreihe 7.
Das Haus mit der verzierten Rokokotür aus dem 14. Jh. ist das geblieben, was es auch im 19. Jh. war: eine Polizeiwache.

St.-Lorenz-Kirche: Kirchenstr., Di–Fr 9–12, 13–16 Uhr.

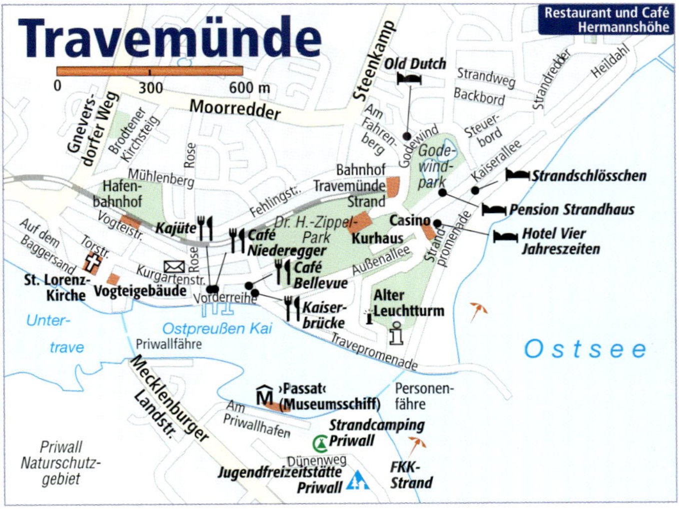

Besonders schön ist die reich bemalte Holzbalkendecke der Fischerkirche aus dem 16. Jh. In der Einrichtung dominieren der barocke Altar (1723) und die Kanzel (1735). Gotischen Ursprungs ist die Holzskulptur des hl. Jürgen mit dem Drachen (Do 10.30 Uhr 30 Min. Orgelmusik mit kostenloser Führung, Juni–Sept. regelmäßig Konzerte).

Leuchtturm: Der rote Backstein-Turm ist das älteste erhaltene Seezeichen der Küste (s. Tour 1, S. 108f.).

›Passat‹: Mitte Mai–Sept. 10–17 Uhr, Ostern–Mitte Mai sowie Mitte Sept.–Okt. Sa/So 11–16.30 Uhr, Hochzeiten Mo, Di Nachmittag ab 15 Uhr (Tel. 0 45 02/1 22 52 02).

Die Halbinsel Priwall jenseits der Trave erreicht man nur mit der Fähre. Im Hafen ankert die 115 m lange Viermastbark von 1911, die ihre letzte Reise 1957 von Hamburg nach Buenos Aires machte. Beim Herumstöbern auf Deck fühlt man sich wie auf großer Fahrt.

Brodtener Steilufer: Der Wanderweg am naturschönen Kliff entlang bis zum 6 km entfernten Niendorf wird regelmäßig landeinwärts verlegt, da die Küstenlinie pro Jahr um etwa einen halben Meter zurückweicht. Eine herrliche Aussicht genießt man vom Restaurant/Café Hermannshöhe (Tel. 0 45 02/7 30 21, Mo Ruhetag, eigene Konditorei. Gerichte 14–19 €).

Rundfahrten

Bootsausflüge: z. B. mit der MS ›Sven Johannsen‹, Prinzenbrücke/Vorderreihe, Tel. 0 45 02/7 45 45, Di bis Gothmund, Mi bis Grömitz, Hafen- und Ostseerundfahrten.

Travefahrten nach Lübeck, ab Anleger Promenade, Könemann Schifffahrt, Tel. 0 45 02/2 80 16 35.

Trave-Express: Bimmelbahn durch Travemünde, 11–19 Uhr alle Std., Juli/Aug. tgl., Juni, Sept. Sa/So, Info: Tel. 0 45 02/86 16 44.

Sport & Strände

Golf: Lübeck-Travemünde-Golfklub, Kowitzberg 41, Tel. 0 45 02/7 40 18,

Fax 0 45 02/7 21 84, www.ltgk.de. 27-Loch-Platz und 6-Loch-Kurzplatz, Schnuppergolfen.
Reiten: Reiterhof Travemünde-Priwall, Fliegerweg 11, Tel. 0 45 02/30 24 00.
Reiten für Groß und Klein sowie Ausritte, 1 Std./16 €.
Segeln: Segelschule Mövenstein, Kaiserallee 40, Tel. 0 45 02/24 52.

Einkaufen

Die Einkaufsmeile in der Vorderreihe bietet für jeden Geschmack und jedes Bedürfnis etwas, die Geschäfte sind in der Hauptsaison auch sonntags geöffnet.

Ausgehen

Casino: Kaiserallee 2, Tel. 0 45 02/84 10, ab 15 Uhr bis in die frühen Morgenstunden, Automatenspiel 14–1.30 Uhr (Personalausweis!).
Night-Sailor-Bar: Trelleborgallee 2, Tel. 0 45 02/89 20 34.
Tanzbar im Maritimhotel, Live Musik.

Feste & Unterhaltung

Drachenfeste: am Strand, Neujahrsdrachensteigen, im Frühjahr und am 1. Okt.-Wochenende.
Sand World-Sandskulpturenfestival (Juli/Aug.): historische Gebäude, Figuren, Phantasiegebilde als Sandskulpturen, Erw. 6 €, Kinder 5–11 Jahre 3 €, Mo–Do 10–23, Fr–So 10–24 Uhr (s. S. 19).
Travemünder Woche (Juli): s. S. 20.

Malkurse

Im Mai, Juni und August gibt die Künstlerin Frauke Borchers auf der ›Passat‹ Wochenendkurse für Aquarellmalerei und Zeichnen. Thema ist alles Maritime. Freitagnachmittag bis Sonntag, 69 €, Information: Tel. 04 51/79 62 74.

Lübeck und Travemünde Tourist-Service GmbH:
23570 Travemünde, Strandpromenade 1b, Hotline: 01805/88 22 33, Fax 0 45 02/80 41 59, www.travemuende-tourismus.de.
Umzug in den Strandbahnhof (Bertlingstr.) voraussichtlich Mai/Juni 2005.
Kurmittelabteilung:
Tel. 0 45 02/80 41 71.

Jugendfreizeitstätte Priwall: Mecklenburger Landstr. 69, Tel. 0 45 02/25 76, Fax 0 45 02/46 20, Bett 13,80–16,50 €.
Hotel Old Dutch: Achterdeck 9, Tel. 0 45 02/7 33 36, Fax 0 45 02/77 73 00.
Efeuberanktes Haus mit idyllischem Garten, ruhig gelegen. DZ 48–55 €.
Pension Strandhaus:
Kaiserallee 33, Tel. 0 45 02/7 18 18, Fax 0 45 02/88 96 86, www.pensionstrandhaus.de.
Gemütliches und familiäres Jugendstilhaus, Segeltörn mit hauseigenem Oldtimer. DZ 30–80 €.
Hotel-Restaurant Strandschlösschen: Strandpromenade 7, Tel. 0 45 02/7 50 35, Fax 0 45 02/7 58 22, www.hotel-strandschloesschen.de.
Am Strand, helle Räume, vorzügliche Küche. DZ 80–148 €.
Hotel Vier Jahreszeiten:
Casino, Strandpromenade/Kaiserallee 2, Tel. 0 45 02/30 80, Fax 0 45 02/30 83 33, www.vier-jahreszeiten.de/travemuende.

Die ›Passat‹ im Hafen der Halbinsel Priwall

Am Strand, luxuriös, mit Wellnessbereich, drei Restaurants, Piano-Bar und Kaminzimmer. DZ 140–330 €.

Strandcamping Priwall:
Dünenweg 3, Tel. 0 45 02/7 17 92 oder 0 45 02/28 35, Fax 0 45 02/ 77 79 96, Okt.–März geschl.
Frei- und Hallenbad, behindertengerecht, Wassersport.

Restaurant Kajüte:
Vorderreihe 26 a,
Tel. 0 45 02/30 98 98.
Fisch und holsteinische Spezialitäten, nette Terrasse. Gerichte 9–21 €.

Restaurant Kaiserbrücke:
Vorderreihe 64 a, Tel. 0 45 02/88 98 14.
Glaspavillon an der Trave, regionale Küche, leckerer Fisch, große Terrasse, Gerichte 8–17 €.

Café Bellevue:
Vorderreihe 65,
Tel. 0 45 02/88 83 99.
Wunderbar zum Schauen, sieben Frühstücksvarianten, leckere Torten.

Café Niederegger:
Vorderreihe 56, Tel. 0 45 02/20 31.
Auch im Ableger des Lübecker Mutterhauses gibt es die berühmte Marzipantorte.

Mit der **Bahn** über Lübeck, mit dem **Bus** von Lübeck, Bad Schwartau und Timmendorfer Strand.

Fährverbindungen: mit Trelleborg/ Schweden (TT-Line, Tel. 0 45 02/8 01 81, am Sa auch Abfahrt nach Helsingborg), Malmö/Schweden (Skandinavien Link GmbH, Tel. 0 45 02/8 05 11) und Helsinki/Finnland (Finnlines, Tel. 04 51/1 50 70).

Priwallfähre: An der Vorderreihe ganzjährig für Personen und Fahrzeuge (alle 10–15 Min.), an der Nordermole nur für Personen und nur während der Sommermonate, Tel. 0 45 02/22 49.

Extra-

Fünfmal Ostseeküste Schleswig-Holstein kreuz und quer:
1: Leuchtturm-Geschichte(n) entlang der Küste
2: Mit dem Kanu auf der Schlei

Alle Touren sind auf dem großen Faltplan eingezeichnet

Touren

3: Altes Handwerk neu belebt
4: Mit dem Fahrrad zu alten Landgütern
5: Eine Fahrt zu fünf ›himmlischen Tauf-Paten‹

Leuchtturm-Geschichte(n) entlang der Küste (H 7–J 4)

Im 19. Jh. boomte der Leuchtturmbau: An den deutschen Küsten gab es eine lückenlose Leuchtfeuerkette, die die Schiffe sicher leitete. Über ihre Bedeutung als Leitsignal hinaus lag die Anziehungskraft der schlanken Seezeichen vor allem in ihrer Symbolik. Sie verhießen Freiheit, Weite und gleichzeitig Heimat, Orientierung in der Dunkelheit und Hoffnung.

Vom offenen Feuer zur Laterne

Der Handel der Hansestädte machte es früh notwendig, Wegweiser zum rettenden Hafen einzurichten. Zunächst entstanden einfache Gerüstbauten mit einer Plattform, auf der ein Steinkohlenfeuer brannte. Dessen Reichweite war jedoch gering und die Abhängigkeit von Wind und Wetter problematisch. Ende des 18 Jh. wurden die einfachen Feuer durch Reverberen-Leuchtapparate ersetzt. Sie bestanden aus mehreren schalenförmigen Parabolspiegeln sowie einer Öl- und Petroleum-Lampe, in der ein Hohldocht brannte.

1823 gelang es August Jean Fresnel mit Hilfe von Linsen und Prismen die Lichtstrahlen so zu bündeln, dass man sie präzise in eine gewünschte Richtung lenken konnte. Etwas modifiziert werden diese Linsen noch heute verwendet. Ab 1889 ersetzte elektrisches Licht die alte Feuerung, inzwischen hatte man die empfindlichen Lichtanlagen durch (Glas-)Laternen geschützt. Senkrecht stehende, drehbare Lamellen bestimmen durch rhythmisches Öffnen und Schließen die Kennung, d. h. die individuellen Lichtzeichen eines Leuchtturms.

Eine Ära geht zu Ende

Nach 1918 wurden Leuchttürme nur noch als Ersatz- oder Ergänzungsfeuer gebaut. Der Leuchtturmwärter, der seine verantwortungsvolle Arbeit meist in drei Schichten rund um die Uhr versah, wurde noch bis in die 1980er Jahre gebraucht, dann übernahmen automatische Schaltzentralen die Steuerung. Nur einige ›Markenzeichen der Küste‹ versehen noch ihre Funktion als Leuchtfeuer. Um die nahezu einmaligen Fotomotive erhalten zu können, mussten sie daher andere Aufgaben übernehmen. So haben einige der alten Seezeichen ihre Tür zur grandiosen Aussicht geöffnet oder ein Museum eingerichtet.

Travemünde

Die Tour beginnt in **Travemünde** (s. S. 102ff.) bei dem ältesten Leuchtturm Deutschlands. Der Backsteinbau steht seit 1539 in gleicher Form an der Travemündung. Nur die Kuppel musste man ersetzen, nachdem sie bei einem Blitzeinschlag im Jahr 1827 abbrannte. Erst nach 433 Jahren wurde das Leuchtfeuer auf dem 31 m hohen Turm abgeschaltet und durch ein neues auf dem vorgebauten Maritim-Hochhaus ersetzt – 84 m höher mit einer Sichtweite von etwa 45 km. Das neue maritime Museum in dem nun sanierten Gebäude gibt Einblicke in die Geschichte der Leuchtfeuertechnik (in den Sommermonaten Di–So 10–18 Uhr). Vom Umgang eröffnet sich ein unvergleichlicher Blick auf die Travemündung und die Uferpromenade, die zum Bummel einlädt.

Dahmeshöved

Nächster Besichtigungsstop auf der Tour Richtung Nordosten ist der achteckige Backstein-Leuchtturm, der an der besonders reizvollen Steilküste zwischen Kellenhusen und **Dahme** (s. S. 38) liegt. Der 28 m hohe Turm mit dem feuerroten Aufsatz (1879) ist weiterhin in Betrieb, darf jedoch besichtigt werden (April–Okt. tgl. außer Sa 15–16.30 Uhr). Wer sich im Hochzeitszimmer das Ja-Wort geben möchte, wende sich an das Standesamt Grube (Tel. 0 43 64/ 49 28 46). Das kleinere Turmgebäude nebenan wurde 1939 wahrscheinlich zur Flugüberwachung gebaut. Wo einst auch der Leuchtfeuerwärter sein Zimmer hatte, kann man sich heute als Gast einmieten.

Zu zwei Insel-Leuchttürmen

Auf der Ostseeinsel **Femarn** (s. S. 45ff.) lohnen gleich zwei alte Leuchtfeuer einen Besuch: Zunächst geht es in den Südosten der Insel zum Leuchtturm **Staberhuk**. Herzstück des roten Backsteinbaus von 1904 ist seine hellrote, schräg verglaste Laterne mit gleichfarbigem Windpfeil. Sie ist ›second hand‹ und stammt vom Helgoländer Leuchtturm, der 1902 abgebaut wurde.

Der ansprechende Turm und die herrliche Umgebung zog auch den Maler Ernst-Ludwig Kirchner in seinen Bann. Zwischen 1912 und 1914 wohnte er beim damaligen Leuchtturmwärter. Seine Motive suchte der Expressionist sich vor allem in den »wundervollen Küstenbildungen«, die ihn an die Südsee erinnerten. Noch heute kann man die meisten seiner Motive vor Ort wiederentdecken, da sie sich kaum verändert haben. Das Leuchtturmgelände steht unter Denkmalschutz und darf nicht betreten werden (vom Parkplatz am Oststrand geht ein Fußweg ca. 1,5 km am Strand entlang zum Leuchtturm).

Nach einer Fahrt quer über die Insel erreicht man **Flügge.** Der Bilderbuch-Leuchtturm ist einer der jüngsten echten Leuchtfeuer (1916). Mit 40 m ist er der höchste Leuchtturm von Fehmarn und wacht noch heute über die Südwestspitze der Insel. Er wurde erst 1954 elektrifiziert und bekam 1977 eine weiß-rote Verkleidung zum Schutz gegen Sturm und Regen. Der Aufstieg über 162 Stufen wird von der grandiosen Aussicht auf die Insel und das nahe Festland gekrönt (Di–So April–Okt. 10–17 Uhr, Parken am Orther Hafen, Fußweg ca. 2,4 km).

Tour-Info

Länge: Für die ca. 122 km lange Autotour von Travemünde nach Fehmarn muss ein ganzer Tag eingeplant werden. Ein Teilstück, von Pansdorf bis Neustadt, kann auf der A 1 zurück gelegt werden.
Essen: Auf der gesamten Strecke sind ausreichend Restaurants vorhanden.

Tour 2

Die Schlei bei Sieseby

Mit dem Kanu auf der Schlei (C 3–E 2)

Abwechslungsreiche Ufer, sehenswerte Orte und kleine Sandstrände, an denen die Fahrt unterbrochen werden kann, machen eine Kanu-Tour auf der Schlei zu einem Erlebnis. Das Gewässer schlängelt sich 43 km lang von Schleswig bis nach Schleimünde und schwankt dabei in seinem Charakter zwischen Fluss, See und Meeresbucht. Doch eigentlich ist die Schlei eine Förde, d. h. sie wurde während der Eiszeit angelegt, und ist mit 4500 ha das größte Brackwasser Schleswig-Holsteins. Der ehemals bedeutende Schifffahrtsweg ist heute eher ein Segler- und Paddelparadies und noch immer eines der fischreichsten Gewässer des Landes.

Die 2- bis 3-tägige Tour auf der ›Tochter der Ostsee‹ beginnt in Brodersby und führt nordostwärts etwa 33 km bis nach Schleimünde und zum Ausstiegspunkt Maasholm (bei Ostwind empfielt sich die Tour in umgekehrter Richtung). Bei zu starkem Wind ist Vorsicht geboten, da sich hohe Wellen aufbauen können. Die Ufer dürfen nicht überall betreten werden, da sie Landschaftsschutzgebiet sind. Wo die Kanus während der Nacht gelagert werden, spricht man am besten mit dem Verleiher ab.

Startpunkt Brodersby

Vor dem eigentlichen Tourbeginn lohnt ein Blick in die Kirche von **Brodersby** mit den zwei Sanduhr-Gläsern auf der Kanzel, die die Dauer einer Predigt (lang oder kurz) anzeigen. Von außen fällt der Glockenturm auf, der die gleiche Höhe wie das romanische Gotteshaus hat. Am Anleger neben der **Missunder Fähre** warten dann die Boote. Dieser erste Schlei-Übergang zwischen den Regionen Angeln und Schwansen existiert bereits seit über 500 Jahren. Das ehemalige Missunder Fährhaus aus dem Jahre 1805 ist heute ein Restaurant-Café.

Historisches und Romantisches

Bei Westwind oder gar Windstille kann nun die große Tour bis nach Schleimünde beginnen. Kurz nach dem Ablegen von Brodersby fällt der Blick auf die Landnase am Südufer. Dort stand bis 1864 das **Erikhus,** an dem einer Legende zufolge der Leichnam des Dänenkönigs Erik angetrieben wurde, mit anklagend gen Himmel gestreckter Hand. Er war 1250 vom eigenen Bruder ermordet worden. Die Ballade von Detlef von Liliencron ›Die Kapelle zum finstern Stern‹ (1881) berichtet davon.

Nach kurzer Fahrt passiert man die **Schlei-Insel Kieholm,** auch Liebesinsel genannt. Das Südufer steigt hier steil bis 36 m Höhe an. Durch die Lange Breite (5 km) geht es vorbei an romantischen Buchten, Wiesen, Weiden und fruchtbarem Ackerland.

Bald darauf kommt **Ulsnis** mit der sehenswerten St.-Wilhadi-Kirche aus dem 12. Jh. ins Blickfeld. Im reetgedeckten Pastorat hängt ein ungewöhnlicher Taufengel (s. Tour 5, S. 116f.), und das Café Krog lädt nach dem Kaffee in den Kunsthandwerkladen ein. Kurz hinter Ulsnis unterfährt man die erste feste Schlei-Überquerung bei **Lindaunis**, die sich stündlich für große Schiffe öffnet. Züge, Autos und Fußgänger benutzen abwechselnd die gleiche Spur.

Vom Anleger Lindaunis führt ein Abstecher zum Lindauhof (um 1550), der als Kulisse für die Fernsehserie ›Der Landarzt‹ diente. Am Südufer gegenüber liegt das romantische **Sieseby** (s. S. 94). Der dortige Schlie-Kroog bietet sehr feines, aber entsprechend teures Essen.

Zu der kleinsten und zur telegensten Stadt

Etwa 7 km weiter nordostwärts kommt am Nordufer **Bad Arnis** in Sicht, die kleinste Stadt (300 Ew.) Schleswig-Holsteins. Rechts und links der von Linden gesäumten Hauptstraße reihen sich Häuser aus dem 18./19. Jh. mit verzierten Fassaden und Erkern. Überragt werden sie von der Schifferkirche von 1673. Sehenswert ist die geschnitzte Renaissance-Kanzel und die Votivschiffe. Mit über 1000 Einwohnern und einer 80 Schiffe starken Flotte galt Bad Arnis im 18. und 19. Jh. als einer der reichsten Orte in Angeln. Heute gibt es drei Werften und 400 Bootsliegeplätze an einem der beliebtesten Segelreviere.

Durch den 236 m breiten Arnisser Kanal fährt man auf **Kappeln** zu, den malerischen Hafenort mit Fernsehgeschichte (s. S. 61ff.). Man unterfährt die neue Klappbrücke und schlängelt sich am historischen Heringszaun vorbei. Ab hier ist die Schlei flussartig eng, bis sie am Rabelsund nach Osten schwenkt und sich verbreitert.

Endstation Maasholm

Im Blickfeld liegen nun der kleine Fischerort **Maasholm** (s. S. 64) sowie die beiden Noore (Wormshöfter und Olpenitzer), die befahren werden dürfen. Bei guten Windverhältnissen kann man sich nun noch vorbei am **Naturerlebniszentrum Maasholm** und am **Seevogelschutzgebiet Oehe-Schleimünde** (s. S. 64) bis zum schwarz-weiß geringelten Leuchtturm **Schleimünde** wagen und sogar durch den künstlichen Durchstich zur offenen Ostsee. Dann geht es zurück zur Anlegestelle in Maasholm, wo die Tour endet.

Tour-Info

Länge: Für die ca. 33 km lange Tour benötigt man 2–3 Tage.
Kanu-Verleih: Sabine Funda, Schleiblick 4, 24864 Brodersby, Tel. 0 46 22/18 00 15, www.lebendig-und-draussen.de, Kanu/Tag 25 €, 2 Tage 30 €. Die Kanus kann man nach Beendigung der Tour an der Endstation Maasholm abgeben.
Übernachten:
Café-Hotel Krog: Ulsnis, Kirchholz 13, Tel. 0 46 41/9 89 00, www.cafe-krog.de, DZ 70 €.
Café und Gästehaus am Noor: Lindaunis, Am Noor 6, Tel. 0 46 41/97 02 09, Fax 0 46 41/97 02 08, DZ 55–60 €.
Camping Ferienpark Schlei-Karschau: Tel. 0 46 42/92 08 20.

Tour 3

In Preetz kann man einem Holzschuhmacher bei der Arbeit zuschauen

Altes Handwerk neu belebt (F/G 4–6)

Im Mittelalter entwickelte sich das Handwerk zu einem zentralen Wirtschaftszweig. Die Handwerker organisierten sich in Zünften, gehörten zur führenden Schicht und hatten in der Politik großen Einfluss. Außerdem wurden ihnen besondere Privilegien gewährt, bis hin zur eigenen Gerichtsbarkeit.

Dieses ›Goldene Zeitalter‹ endete für die Handwerker im 18 Jh. mit der Einschränkung der Zunft-Rechte und dem Ende ihrer politischen Macht. Durch die Errichtung großer Manufakturen verschwanden viele Werkstätten aus dem Ortsbild, wie etwa die der Bandreißer, Böttcher oder Korbmacher (alte Werkstätten kann man heute im **Freilichtmuseum Molfsee** sehen, s. S. 72). Bei anderen Meisterbetrieben änderte sich die Art der Arbeit nahezu vollständig. Schusterbetriebe etwa, in denen man einst individuell angepasste Einzelstücke anfertigen ließ, wurden zu Reparaturwerkstätten. Maschinen ersetzten von nun an das ›Werk von Hand‹.

Alternatives Hand-Werk

Jene Handwerker, die Artikel des häuslichen Bedarfs fertigten, mussten nicht nur dem Preisdruck der Fabriken standhalten, sondern gegen neue, billigere und teils gebrauchsfreundlichere Materialien ankämpfen. Einige fanden jedoch ihre Nische in einer Art ›Alternativ-Kultur‹. Hier steht nicht mehr der reine Gebrauchsgegenstand im Vordergrund, vielmehr sind individuelle und luxuriöse Artikel gefragt. Die vorgeschlagene Tour durch die Holsteinische Schweiz folgt solchen Handwerkern, die altes Handwerk ›kunstvoll‹ belebt haben.

Auf Schusters Rappen

Die erste Station ist die alte Schusterstadt **Preetz,** noch bis Ende des 19. Jh. das Handelszentrum der Probstei (s. S. 97). Im Jahr 1698 waren in der Stadt 26 Meisterbetriebe ansässig, Mitte des 19. Jh. gab es bereits 150. Eine solch ungewöhnliche Werkstattdichte wurde sogar im Wanderlied der Gesellen erwähnt: »Ole Fräuleins wahnt dcr in dat Kloster, jede drütte Mann, seggt he, is een Schoster.« Ihr Schuhwerk verkaufte sich bis nach Seeland, Mecklenburg und Pommern. Vor allem die Preetzer »Wadestevelen« waren beliebt, die auch der ›Kleine Schusterjunge‹ aus Bronze am Feldmannsplatz trägt.

Lorenz Hamann ist der letzte Holzschuhmacher der Region. Er hat in seiner Verkaufs-Werkstatt ein kleines Museum eingerichtet (Wakendorfer Str. 17, Mo–Sa 9–13 Uhr oder nach tel. Vereinbarung).

Zarte Blumen auf weißem Grund

Über Plön (s. S. 99) geht es um den schönen Plöner See herum zu dessen Südwestzipfel nach **Dersau.** In dem kleinen Ort hat sich eine Keramikmeisterin in einer hübschen kleinen Werkstatt niedergelassen, in der sie die alte Tradition der heimischen Fayence-Töpferei pflegt. 30-jährige Erfahrung steckt in der Töpferware von Roswitha Richter. Der dunkelrote Scherben wird in weiße Glasur getaucht und in blau-grünem Dekor bemalt. Danach werden Glasur und Malerei zusammen glatt gebrannt.

Es entsteht eine Gebrauchskeramik, die durch ihr zartes Dekor auf hellem Grund besonders anspricht. Blumen, Gräser und Vögel sind die Hauptmotive. Die Becher und Krüge sind nicht nur formschön, sondern durch ihre Größe endlich auch einmal ausreichend für einen guten Milchkaffee oder wärmenden Tee (Dorfstr. 84, Tel. 0 45 26/81 48, Mo–Sa 8–13 Uhr sowie nach Vereinbarung).

Pferde aus Glas

Die Tour führt weiter vom Plöner- an den Kellersee. In der Glasbläserei **Malente** (s. S. 99) von Gerhard Röschenthaler kann man die alte Kunst des Glasmachens unmittelbar miterleben. Gezeigt wird, wie flüssiges Kristallglas (ein Gemisch aus Quarzsand, Soda, Kalk und Pottasche) aus dem Schmelzofen seine Farbe erhält und zu Kunstgegenständen geformt, geblasen und gezogen wird. Anschließend kommen die Schalen, Vasen, Gläser, Tiere u. v. m. in den Kühlofen, in dem sie langsam von 500° C auf 50° C heruntergekühlt werden. Neben dem Verkauf der kunstvollen Gegenstände bietet die Glasgalerie auch die Reparatur angeschlagener Gläser an (Janusallee 18, Tel. 0 45 23/49 55, April–Sept. Mo–Sa 9–13, 14–18, So/Fei 10–17 Uhr, Okt.–März Mo–Fr 9–13, 14–18, Sa 9–13 Uhr).

Unikate für Haus und Garten

Über Lütjenburg geht es nach **Schönberg** (s. S. 94ff.) zur Werkstatt für Metallgestaltung. Einem Schmied bei der Arbeit zuzusehen, fasziniert nicht nur die Kinder. Der Schlosser- und Schmiedemeister Heiko Voss versteht es bei seinen Vorführungen, die Liebe zu dem kraftvollen, traditionellen Handwerk zu vermitteln. Das Werkzeug ist das gleiche wie vor 100 Jahren, die Produkte jedoch ungleich ausgefallener, moderner und pfiffiger. Neben Geländern, Treppen, Balkongittern etc. bietet die Werkstatt Gartenobjekte, Rankgestelle, Kerzenständer, Schalen oder Buchstützen an (Ratjensdorfer Weg 1, Tel. 0 43 44/57 56, Mo–Fr 7.30–17 Uhr, Kunstschmiedeladen Mi 9.30–12, Fr 15–18, Sa 10–14 Uhr, Vorführungen Sa 10–13 Uhr).

Ebenfalls in Schönberg steht das Kunsthandwerkerhaus, in dem man Kunsthandwerkern (u. a. der Goldschmiedemeisterin Heide Riedel) über die Schulter schauen und an Kreativkursen teilnehmen kann.

Tour-Info

Länge: Die Tagestour von Preetz über Dersau, Malente und Schönberg zurück nach Preetz ist etwa 115 km lang.
Essen: Schmackhafte Gerichte gibt es im Restaurant **Dat Gröne Huus** in **Bosau** (Stadtbeker Str. 97, tgl. geöffnet, Gerichte 10–15 €).
Das **Werkstatt-Café** in **Schönberg** bietet leckere Torten an (Rauher Berg 1, tgl. 8–18 Uhr).

Tour 4

Gut Windeby

Mit dem Fahrrad zu alten Landgütern (D 3/4)

Was die Leuchttürme für die Küste sind, sind die Herrenhäuser für das Landesinnere: imposante Markenzeichen einer bewegten Geschichte. Seit dem 16. Jh. belohnten die Landesherren die adligen Ritter für ihre Kriegsdienste mit Land, auf dem diese eine Gutswirtschaft aufbauten. Manche dieser Güter wurden im Lauf der Zeit von ihren Eigentümern in wahrhaft herrschaftliche Anlagen umgewandelt.

Ein repräsentatives Wohnhaus und mehrere Wirtschaftsgebäude umrahmen einen Wirtschaftshof, der oftmals von einem prächtigen Torhaus abgeschlossen wird. Die Rückfront des Herrenhauses und die teils parkähnlichen Gärten waren der privaten Sphäre der Besitzer vorbehalten. Erweiterungsbauten und eine aufwändige Gestaltung der Innenräume galten der Darstellung nach außen. Dafür wurden Künstler eigens aus Italien geholt, die Decken und Wände mit Stukkaturen und Gemälden verzierten. So entstanden viele innen- und außenarchitektonische Kleinode.

Die meisten Herrenhäuser sind noch heute bewohnt und in Privatbesitz. Doch zu bestimmten Besichtigungszeiten, Veranstaltungen, Familienfesten oder Konzerten öffnen sich einige dem Publikum.

Von Eckernförde zum Gut Ludwigsburg

Die Radtour startet in **Eckernförde** (s. S. 40ff.). Am Ende des Yachthafens fährt man durch Letzte Pappel, Cäcilienstraße und Prinzenstraße bis zur Straße nach Waabs (Ostseeküsten-Radwanderweg). Vorbei an **Gut Hemmelmark,** das nur von außen besichtigt werden kann, erreicht man nach etwa 8 km **Gut Ludwigsburg.**

Baron Friedrich Ludwig von Dehn war Namensgeber und Erbauer des Landgutes, das er im 18. Jh. aus der einst mittelalterlichen Wasserburg Kohöved zu einer der schönsten Barockanlagen des Landes ausbauen ließ. Von außen wirkt das backsteinerne Herrenhaus eher schlicht, im Innern jedoch besticht die aufwändige Treppenhalle sowie die Bunte Kammer, deren 145 kleinformatige Täfelungen Zeitdokumente des 17. Jh. darstellen.

Die Hofanlage ist eine der gemütlichsten der Region. Das Herrenhaus wird heute von der Familie Carl bewohnt und kann besichtigt werden (im Sommer Mi 17 Uhr oder nach Anmeldung, Tel. 0 43 58/9 88 19, www.gut-ludwigsburg.de). Im barocken Torhaus ist ein Hofladen eingerichtet, der heimische Spezialitäten wie Wildschweinfleisch, Honig, Marmelade, Karpfen und Gemüse anbietet (tgl. 8–18, im Winter Mi, Fr/Sa 14–18 Uhr).

Zum Gut Damp

Von Ludwigsburg geht es auf der alten Allee-Staße weiter Richtung Norden, immer 1 bis 2 km von der Küste entfernt, bis nach etwa 10 km **Gut Damp** erreicht ist. Die Renaissance-Anlage, im 16 Jh. erbaut und im 17./18. Jh. erweitert, versteckt sich etwas abseits der Hauptstraße. Über eine schmale Brücke gelangt man unvermittelt durch das Torhaus, so dass sie erst von der Rückseite richtig zur Geltung kommt. Der Hof wird vom ehemaligen Kuhhaus, heute ein gemütliches Feinschmecker-Restaurant, und der mächtigen reetgedeckten Scheune von 1640 beherrscht.

Das große dreiflügelige Herrenhaus, das nicht betreten werden darf, liegt fast etwas unscheinbar im Hintergrund, durch eine zweite Brücke getrennt. Die alte Burg wurde 1438 erstmals unter dem Besitz derer von Pogwisch erwähnt. Ende des 19 Jh. ging das Gut in den Besitz der Grafen von Reventlow.

Das Leben spielt sich im Hof ab, vor allem bei gutem Wetter, wenn die Gäste des Restaurants draußen sitzen und die Türglocke zum Antiquitätengeschäft im Torhaus kaum Pause macht (Di–So 14–18 Uhr).

Zum Tee nach Windeby

Wer nach der Rückkehr von Gut Damp noch genug Puste hat, kann an Wochenenden von Eckernförde aus noch zum 2,5 km entfernten Gut Windeby am gleichnamigen Noor radeln. Name und Entstehung verdankt das Gut (15. Jh.) dem wendischen Ritter von Pogwisch. Mitte des 18. Jh. ließ die Familie von Qualen das heutige Herrenhaus anstelle der Burg bauen. Der bekannteste der nachfolgenden Besitzer war der Schriftsteller Christian Graf zu Stolberg, ein guter Freund Goethes.

Die Landwirtschaft spielt hier heute keine Rolle mehr: Die einstigen Wirtschaftsgebäude sind an Privatpersonen verpachtet, und der neue Besitzer Jürgen Wagner hat eine andere Art gefunden, das unter Denkmalschutz stehende Gut zu erhalten. In die Räume des alten Herrenhauses hat er sein Geschäft Wohnforum (Möbel, Leuchten, Heimtextilien, Tel. 0 43 51/4 77 28 28) sowie ein Nichtraucher-Café integriert, so dass das Haus zu den Geschäftszeiten (Fr 11–19, Sa 11–18, So 14–18 Uhr) auch von innen zu betrachten ist. Bei schönem Wetter kann man sich auf der gemütlichen Terrasse bei Tee – man kann zwischen 15 verschiedenen Sorten Tee wählen –, Kaffee, Cappuccino und hausgemachtem Kuchen von der Radtour erholen.

Tour-Info

Länge: Die Tour bis Gut Damp ist 20 km lang, der Abstecher von Eckernförde nach Windeby 2,5 km (einfache Strecke).
Karte: Ostseeküsten-Radwanderweg für Kenner (1: 75 000) von Flensburg bis Lübeck, ProjektNord-Verlag.
Einkehrmöglichkeiten:
Ludwigsburg: Hofcafé in der alten Gutsräucherei (tgl. 14–18 Uhr, im Winter nur Sa/So).
Damp: Feinschmecker-Restaurant (s. S. 39)
Windeby: Das Café hat Sa/So 14–18 Uhr geöffnet; Fr 15–19 Uhr ist ›Teatime‹ mit *sandwiches* und *scones*.

Tour 5

Heute wieder zu besichtigen: Der Taufengel der Kirche St. Lotharii

Eine Fahrt zu fünf ›himmlischen Tauf-Paten‹ (F 5–H 6)

Nicht nur zur Weihnachtszeit gibt es in den Geschäften Engel in allen Variationen, etwa auf Dosen, Tassen oder Kissenbezügen. Wenn man sich jedoch in einer Dorfkirche einem etwa kindsgroßen Engel gegenübersieht, der von der Decke herabhängt, handelt es sich weder um modernen Zierrat noch um vergessenen Weihnachtsschmuck, sondern um ein Taufgerät aus dem 18. Jh.

In dieser Zeit hatten die Kirchen nämlich ein großes Platzproblem. Luthers Forderung nach guter Sicht auf Altar und Kanzel verbot eine enge Bestuhlung der Kirchenräume. Gleichzeitig wurde der Raum vor dem Altar, auf dem der Taufstein stand, von den Adligen als Gruftstätte beansprucht. Die Taufen durften jedoch auch nicht in eine Ecke gerückt werden, da die Taufhandlung im Angesicht der Gemeinde vollzogen werden musste. So wurde die Idee des Engels geboren, der eine Taufschale trägt und mittels Seilzugs bei Nichtgebrauch unter die Decke gezogen werden kann.

Gegen Ende des 18 Jh. verschwanden die Taufengel wieder: Der Engel als Beschützer oder als Bote Gottes verlor an Bedeutung, und der Platzmangel war u. a. durch Kirchenanbauten behoben. Zudem nahm man inzwischen Anstoß an der teilweisen Nacktheit der Figuren. Die einst so geliebten Taufengel wurden auf Dachböden oder in Scheunen verbannt. Dort holte man sie erst in heutiger Zeit wieder hervor, teils als Dekorationsstück mit starrer Befestigung, teils erneut als Taufgerät, das gleichberechtigt neben dem Taufstein besteht. Die Tour durchs nördliche Ostholstein führt zu fünf ganz unterschiedlichen Taufengeln.

St.-Lotharii-Kirche in Preetz

Die Tour beginnt in **Preetz** (s. S. 97), wo der Taufengel (ca. 1725–30) in einer Seitenkapelle des Gotteshauses hängt. Es ist ein sehr ernsthaft blickender Engel, der in seinen ausgestreckten Händen ein Deckelgefäß trägt, in das die Taufschale gelegt wurde. Die 1,40 m große Figur wird dem Schnitzer Meister Christian Carl Döbel zugeschrieben, der die Flügel durch die optische Betonung der Federkiele besonders plastisch hervorhob. Aus der Kirchenchronik weiß man, dass der Engel bei der Renovierung des Altarraumes (1884–86) abgenommen und im Choranbau abgestellt wurde. Von dort wurde er erst 100 Jahre später ›befreit‹ und nach seiner Restauration an den heutigen Platz gehängt (tgl. 8–17 Uhr geöffnet).

St.-Michaelis-Kirche in Lütjenburg

Von Preetz geht es am sehenswerten Selenter See vorbei nach **Lütjenburg** (s. S. 82ff.) zum Taufengel der Kirche St. Michaelis: Als im Jahr 1843 der Organist nach einer Hochzeit gerade das Gotteshaus verschloss, gab es einen fürchterlichen Knall. Der 1745 vom Eutiner Hofbildhauer Theodorus Schlichting gefertigte Taufengel lag »mit gebrochenem Arm« vor dem Altar, die Befestigungsstange war durchgerostet. Das war das Aus für den Engel als Taufgerät. Er kam auf den Kirchenboden, bis ihn 1905 Graf Waldersee restaurieren ließ. Heute trägt der weibliche Engel mit dem faltenreichen Kleid wieder in der rechten Hand die Taufschale, die linke ist segnend über den Kopf erhoben. Aufgerichtet, mit lieblich verklärtem Gesichtsausdruck, blickt er von der Nordseite über dem Taufstein auf die Gemeinde (tgl. 9–12 Uhr geöffnet).

St.-Katharinen-Kirche in Großenbrode

Nächster Tour-Stop ist **Großenbrode** (s. S. 59), wo der 1714 geferigte Taufengel bis zum Jahr 1800 im Altarraum der Katharien-Kirche hing. Dann wurde er »wegen seines nicht gerade erbaulichen Gesichts« nicht mehr für wert gehalten, der Taufe zu dienen. Er erinnert auch wirklich eher an einen verschmitzten Lausbub als an einen ernsthaften Engel. Pausbäckig, rundlich knuddelig, schwebt er in Begleitung einer silbernen Taube herein, eine Schale in Blütenform vorstreckend. 1896 wurde er bei Aufräumarbeiten im Kirchturm entdeckt, restauriert und in fester Position wieder in den Altarraum gehängt (die Kirche ist tagsüber geöffnet oder man holt den Schlüssel im Pastorat).

St.-Jürgen-Kirche in Grube

Wenige Kilometer weiter liegt der kleine Ort **Grube** (s. S. 39). 105 Mark zahlten die Bewohner 1769 für ihren Taufengel an den Lübecker Bildhauer Hartwig. Bis Weihnachten 1844 war er in Gebrauch, dann wurde der Kirche ein Taufstein geschenkt.

Der damalige Pastor war heilfroh, dass der »fast anstößige« Engel endlich auf die Empore verbannt werden konnte, denn die deutlich weibliche Figur ist nur mit einem vergoldeten Lendentuch bekleidet. Erhobenen Hauptes mit schalkhaften Grübchen hängt der Engel heute wieder vor dem Altarraum. Die rechte Hand trägt einen Lorbeerkranz für die Taufschale, die linke einen Palmenzweig als Symbol des Friedens (Besucher müssen sich im Pastorat melden).

Dorfkirche Schönwalde

Zum Abschluss empfiehlt sich ein Besuch in **Schönwalde**. Der Taufengel der dortigen Dorfkirche wird zur Freude der Beteiligten noch heute für Tauffeiern benutzt. Die in eleganter Bewegung dargestellte Figur von 1750 blickt ein wenig verklärt über ihre rechte Hand, die den Lorbeerkranz hält. Es ist ein richtiger Bilderbuch-Engel, der von der Gemeinde und den Pastoren gleichermaßen geliebt wird (tgl. 9–16.30 Uhr geöffnet).

Tour-Info

Länge: Die Tagestour von Preetz nach Schönwalde ist etwa 110 km lang.
Essen: Gute holsteinische Küche gibt es in Großenbrode im Alten Krug, Schmiedestr. 13 (tgl. geöffnet, Gerichte 7–16 €).

Register

Albertsdorf (J 4) 48
Altenhof, Gut (D 4) 44
Altenkrempe (H 6) 87
Angeln 9

Bad Arnis (D 2) 64, 111
Bad Malente (G 6) 99, 113
Bad Segeberg (F 7) 20, 81
Birkenmoor (E 4) 44
Bosau (F 6) 99, 113
Brodersby (C 3) 94, 110
Bungsberg (H 5) 11, 98
Burg (Fehmarn, K 4) 45

Cismar (J 6) 20, 38, 65

Dahme (J 5) 38f.
Dahmeshöved (J 5) 38, 109
Damp, Gut und Ostseebad (D/E 3) 39, 115
Danewerk Museum (B 3) 94
Dersau (F 6) 113

Eckernförde (D 3/4) 10, 20, 40ff., 114
Emkendorf, Gut (D 5) 72
Eselspark i-a (G 5) 84
Eutin (G 6) 18, 19, 20, 99

Falkensteiner Strand (E 4) 29, 69
Fehmarn (J/K 3/4) 19, 45ff., 109
Flensburg (B 1) 10, 11, 49ff.
Flügge (J 4) 47, 109
Freilichtmuseum Molfsee (E 5) 20, 72, 112
Freizeitferienpark Tolk-Schau (C 3) 94
Friedrichsort (E 4) 71

Geltinger Birk, Naturschutzgebiet (D 1) 54
Glücksburger Schloss (B 1) 54
Gothmund (H 8) 81
Grömitz (J 6) 56f.
Groß Wittensee (C 4) 44
Großenbrode (J 4) 59, 117
Grube (J 5) 39, 117
Grüner Brink (J 3) 47

Haffkrug (H 7) 88ff.
Haithabu, Wikinger-Museum (B 3) 12, 91
Hansapark (H 6) 98
Harmsdorf (H 5) 84
Hasselburg, Gut (H 6) 87
Heikendorf (E 4) 71f.
Heiligenhafen (J 4) 57ff.
Hemmelsdorfer See (H 7) 102
Hessenstein (G 5) 84
Hohwacht (G 5) 29, 60f.
Holnis, Halbinsel (C 1) 54, 55
Holsteinische Schweiz (F/G 5/6) 98
Hüttener Berge, Naturpark (C 4) 44

Kappeln (D 2) 18, 61ff., 111
Karlsminde (D 3) 44
Katharinenhof (K 4) 29, 46
Kellenhusen (J 6) 20, 64f.
Kieholm (C 3) 110
Kiel (E 4/5) 10, 11, 18, 19, 66ff.
Kletkamp, Gut (G 5) 84

Laboe (E 4) 18, 71, 73f.
Landkirchen (J 4) 46
Langballigau (C 1) 54
Lemkenhafen (J 4) 46
Lindau (D 3) 94
Lindaunis (D 3) 111
Lübeck (G/H 8) 10, 11, 20, 74ff.
Ludwigsburg, Gut (D 3) 44, 114
Lütjenburg (G 5) 82ff., 117

Maasholm (D 2) 64, 111
Missunde (C 3) 110
Mönkeberg (E 4) 71

Naturerlebniszentrum Maasholm (D 2) 64, 111
Neustadt in Holstein (H 6) 85f.
Niendorf (H 7) 87f.

Oldenburg (H 5) 19, 60

Panker (G 5) 84
Petersdorf (J 3) 19, 46
Pilsberg (G 5) 11
Plön (F 6) 99, 113
Preetz (F 5) 19, 97, 112, 116
Probstei 20, 95, 112

Salzau (F 5) 82
Scharbeutz (H 7) 88ff.
Schilksee (E 4) 70, 71
Schlei 9, 11, 31, 110f.

Schleimünde (E 2) 111
Schleswig (B/C 3) 10, 12, 20, 90ff.
Schleswig-Holstein Musik Festival 11, 19, 82
Schönberg (F 4) 29, 94ff., 113
Schönwalde (H 6) 117
Schwansen 9
Schwedeneck (D/E 3/4) 44
Schwentine 31, 72
Seevogelschutzgebiet Oehe-Schlei- münde (E 2) 64, 111
Selenter See (F/G 5) 85
Sierksdorf (H 6) 29, 97ff.
Sieseby (D 3) 94, 111
Staberhuk (K 4) 109
Strande (E 4) 71, 99f.
Straußenfarm Ostseeblick (G 4) 97
Strezerberg (G 5) 11

Tal der Langballigau, Naturschutzgebiet (C 1) 54
TierPark Gettorf (D 4) 44
Timmendorfer Strand (H 7) 100ff.
Travemünde (H 7) 10, 19, 20, 102ff., 108
Turmhügelburg (G 5) 84

Ulsnis (C 3) 111
Unewatt (C 1) 54

Wakenitz (H 8) 79
Wallnau, Wasservogelreservat (J 3) 47
Weißenhaus, Gut (H 5) 61
Weißenhäuser Strand (H 5) 61
Westensee, Naturpark (D 5) 72
Windeby, Gut (D 4) 115
Wittensee (C/D 4) 44

Fotonachweis:
Titelbild: Strand von Travemünde
Vignette: Drachenfest in Niendorf
S. 6/7: Stranddünen bei Heiligenhafen
S. 36/37: Ferienhaus bei Graswarder
S. 106/107: Auf der Schwentine
Umschlagrückseite: Lübecker Holstentor (oben), Strand bei Heiligenhafen (unten)

Nicoletta Adams, Bremen S. 9, 22, 28, 40/41, 112, 114, 116
Ottmar Heinze, Hamburg Titel, S. 1, 6/7, 8, 10, 14, 36/37, 46, 62/63, 68/69, 76/77, 82/83, 86, 108, 110, Umschlagrückseite
Hans-Joachim Kürtz, Heikendorf S. 2/3, 12, 18, 24, 52, 55, 58/59, 73, 93, 96/97, 100/101, 105, 106/107

Kartografie: © DuMont Reiseverlag, Ostfildern

Grafisches Konzept: Groschwitz, Hamburg
Druck: Rasch, Bramsche
Buchbinderische Verarbeitung: Bramscher Buchbinder Betriebe

ISBN 3-7701-6511-x

Ich leb Online
mit T-Online.